150 Ejercicios para Aprender Pandas.

Nivel Básico-Intermedio.

Introducción.

Pandas es una de las herramientas más poderosas y populares en el mundo de la ciencia de datos y el análisis de datos en Python. Su flexibilidad y capacidad para trabajar con datos tabulares hacen que sea fundamental para cualquier persona que busque manejar, limpiar, transformar y analizar datos.

Este libro, "70 Ejercicios para Aprender Pandas", ha sido diseñado con el objetivo de ofrecer un enfoque práctico y aplicado para dominar Pandas a través de ejercicios progresivos. Desde principiantes hasta aquellos con cierta experiencia en Python, este libro proporciona una guía detallada para fortalecer y mejorar las habilidades en el uso de Pandas.

Cada ejercicio ha sido cuidadosamente seleccionado y estructurado para proporcionar una experiencia de aprendizaje gradual y efectiva. Comenzamos desde los conceptos básicos, como la lectura de datos y la manipulación de DataFrames, hasta desafíos más avanzados que involucran operaciones complejas, visualización de datos y técnicas de optimización.

Este libro no solo se centra en la resolución de problemas, sino que también busca fomentar la comprensión de los conceptos clave de Pandas. Cada ejercicio está acompañado de explicaciones claras y comentarios útiles para garantizar que los lectores comprendan no solo cómo realizar una tarea en Pandas, sino también por qué y cuándo utilizar ciertas técnicas.

Esperamos que estos 70 ejercicios brinden a los lectores una sólida base en el uso de Pandas y los preparen para abordar una amplia gama de desafíos en el mundo del análisis de datos.

Índice

Índice	2
CONTENIDO.	6
1. Manipulación de datos:	6
2. Agrupación y Agregación:	7
3. Combinación de Datos:	7
4. Visualización de Datos:	7
5. Problemas del Mundo Real:	7
6. Optimización y Rendimiento:	7
Ejercicios de Filtrado y Selección.	**7**
Ejercicio 1. Filtro y Selección de Datos Básico.	8
Ejercicio 2. Filtro y Selección de ventas por Ubicación.	10
Ejercicio 3. Filtrados y Selecciones (Calificaciones).	13
Ejercicio 4. Filtrados y Selecciones (Equipos).	16
Ejercicio 5: Filtro y Clasificación de Películas.	19
Operaciones con Datos.	**22**
Ejercicio 6. Operaciones Matemáticas y Transformaciones (Calificaciones)	22
Ejercicio 7. Operaciones matemáticas y transformaciones (Ventas)	25
Ejercicio 8. Desempeño Financiero.	28
Ejercicio 9. Rendimiento de Productos.	31
Ejercicio 10. Desempeño de Empleados.	34
Valores Nulos.	**37**
Ejercicio 11. Manejo de Valores Nulos.	37
Ejercicio 12. Valores Nulos en un Conjunto de Datos.	40
Ejercicio 13. Desempeño de Empleados con Valores Nulos.	43
Ejercicio 14. Valor Nulos en Puntuación de Estudiantes.	46
Ejercicio 15. Valores nulos en Calificaciones de Estudiantes.	48
Ejercicio 16. Manipulación de texto en columnas	51
Concatenación.	**53**
Ejercicio 17. Reemplazo y Concatenación de Texto en Columnas	53
Ejercicio 18 .Extracción y Concatenación de Datos	55
Ejercicio 19: División de Columnas	57
Ejercicio 20. División de Columnas	59
Agrupación de Datos	**61**
Ejercicio 21. Agrupación de datos de Ventas Mensuales.	61
Ejercicio 22. Rendimiento de Empleados	63
Ejercicio 23. Rendimiento de estudiantes.	65
Ejercicio 24. Desempeño de Empleados.	67

Aplicación de Funciones de Agregación — 69
- Ejercicio 25. Ventas por Producto y por Mes — 69
- Ejercicio 26. Agregación, Rendimiento de Empleados. — 71
- Ejercicio 27. Conjunto de datos — 73
- Ejercicio 28: — 75
- Ejercicio 29. Representación de rendimiento. — 78
- Ejercicio 30. Concatenación Vertical — 80
- Ejercicio 31. Concatenación Horizontal — 82
- Ejercicio 32. Concatenación de clave específica. — 83
- Ejercicio 33. Concatenación con Índices — 85
- Ejercicio 34. Método append — 87

Ejercicios de Merge y Join — 90
- Ejercicio 35. Uso de Función merge. — 90
- Ejercicio 36. Uso del Método merge — 92
- Ejercicio 37. Combinación de Dataframes. — 94
- Ejercicio 38. Método join — 96
- Ejercicio 39. Combinación de DataFrames. — 98
- Ejercicio 40. Gráfico de Barras — 100
- Ejercicio 41. Gráfico de Líneas — 102
- Ejercicio 42. Gráfico de Dispersión. — 104
- Ejercicio 43. Gráfico de Barras Horizontales. — 106
- Ejercicio 44. Gráfico de Líneas Apiladas. — 108
- Ejercicio 45. Gráfico de Barras Agrupadas. — 110

Uso de Datos Reales. — 112
- Ejercicio 46. Datos Reales — 112
- Ejercicio 47. datos de un archivo Excel — 114
- Ejercicio 48. datos de un Conjunto de Encuestas. — 116
- Ejercicio 49. datos Financieros. — 118
- Ejercicio 50. Análisis de Datos. — 120

Optimización y Rendimiento. — 122
- Ejercicio 51. Optimización de Conjunto de datos. — 122
- Ejercicio 52: Procesar archivo de manera eficiente — 124
- Ejercicio 53. Optimización de Conjunto de Datos. — 126
- Ejercicio 54. Manejo eficiente de Datos. — 128

Manipulación Avanzada de Datos. — 130
- Ejercicio 55. Manipulación Avanzada (Trabajo) — 130
- Ejercicio 56. Tasa de Crecimiento. — 132
- Ejercicio 57. Cálculo de Correlación. — 134
- Ejercicio 58. Análisis de Agrupación de datos. — 136

Manipulación de Datos. — 138
- Ejercicio 59. Manipulación de Datos, Gráfico y Concatenación. — 138
- Ejercicio 60. Manipulación de Datos, Gráficos y Agregación. — 141
- Ejercicio 61. Filtrado de Datos (Estadísticos) — 143

Ejercicio 62. Limpieza de Datos y Visualización.	145
Ejercicio 63. Cálculos estadísticos.	147
Ejercicio 64. Manipulación de Datos.	150
Ejercicio 65. Análisis de Ventas Totales.	152
Ejercicio 66. Evolución de Ventas.	154
Ejercicio 67. Tendencia de Ventas.	156
Ejercicio 68. Creación de un Dashboard.	159
Ejercicio 69. Creación de un Dashboard Interactivo	161
Ejercicio 70. Dashboard utilizando Dash.	163
Ejercicio 71. Gráficos Interactivos con Dash.	166

Nivel Intermedio 168

Ejercicio 72. Dashboard Múltiples Gráficos.	168
Ejercicio 73: Leer Datos desde un Archivo CSV	172
Ejercicio 74: Leer Datos desde un Archivo Excel	174
Ejercicio 75: Escribir un DataFrame en un Archivo CSV	176
Ejercicio 76: Escribir un DataFrame en un Archivo Excel	178
Ejercicio 77: Mostrar las Primeras Filas del DataFrame	180
Ejercicio 78: Mostrar las Últimas Filas del DataFrame	183
Ejercicio 79: Obtener Información Detallada del DataFrame	185
Ejercicio 80: Obtener Estadísticas Descriptivas del DataFrame	187
Ejercicio 81: Filtrar Filas basadas en una Condición	189
Ejercicio 82 : Identificar Valores Nulos en el DataFrame	190
Ejercicio 83: Eliminar Filas o Columnas con Valores Nulos	191
Ejercicio 84: Crear Nuevas Columnas en el DataFrame	193
Ejercicio 85: Aplicar una Función a lo Largo de Filas o Columnas	195
Ejercicio 86: Agrupar Datos y Realizar Operaciones de Agregación	197
Ejercicio 87: Calcular Estadísticas Resumidas sobre Columnas Numéricas	199
Ejercicio 88: Calcular la Matriz de Correlación entre Columnas Numéricas	200
Ejercicio 89: Valores Únicos Frecuencias de Valores en una Columna	201
Ejercicio 90: Crear Gráficos Básicos con df.plot()	203
Ejercicio 91: Crear Histogramas y Gráficos de Caja con df.hist() y df.boxplot()	205
Ejercicio 92: Integración con Seaborn y Plotly para Visualizaciones Más Avanzadas	207
Ejercicio 93: Uso de drop_duplicates	210
Ejercicio 94: Uso de equals	213
Ejercicio 95: Uso de lambda en Pandas	215
Ejercicio 96: Utilizando lambda con map	217
Ejercicio 97: Uso de select_dtypes	219
Ejercicio 98: Uso de pandas.apply()	222
Ejercicio 99: Aplicar una Función a un DataFrame por Filas o Columnas	224
Ejercicio 100: Uso de value_counts()	227
Ejemplo 101: Obtener Frecuencias Relativas (porcentajes) de Valores	229
Ejercicio 102: Uso de método .dot()	231
Ejemplo 103: Producto Punto entre DataFrame y Serie	233

Ejercicio 104: Dataframe con Operaciones Básicas	236
Ejercicio 105: Creación de Dataframe y Operaciones Básicas	238
Ejercicio 106: Ventas Indexadas y Descuento 10%	241
Ejercicio 107: Análisis de Ventas e Inventario	244
Ejercicio 108: Análisis de Rendimiento Mensual	246
Ejercicio 111: Selección y filtrado de datos	253
Ejercicio 114: Limpieza de datos	257
Ejercicio 115: Renombrado de Columnas	259
Ejercicio 116: Agregar columna calculada	260
Ejercicio 117: Agrupación y agregación de datos	261
Ejercicio 118: Agrupación y conteo	262
Ejercicio 121: Combinación de Dataframes por clave	266
Ejercicio 122: Unión de Dataframes por índice	267
Ejercicio 123: Análisis Estadístico Básico	268
Ejercicio 124: Correlación entre columnas:	270
Ejercicio 126: Mapeo de valores usando diccionarios:	274
Ejercicio 127: Aplicación de transformaciones condicionales:	275
Ejercicio 128: Análisis de Datos, Ventas y Desempeño de Tiendas	277
Ejercicio 129: Simulación de Proceso Industrial	**280**
Ejercicio 130: Gráfico de Barras con Mtaplotlib	282
Ejercicio 131: Seguimiento de Indicadores Clave	284
Ejercicio 132: Archivo CSV desde Python	286
Ejercicio 133: Archivo CSV a partir de una Tabla de Excel	288
Ejercicio 134: Generación de Dataframe	290
Ejercicio 135: Análisis Básico de Datos de Ventas	292
Ejercicio 136: Combinación de Datos de Múltiples Fuentes	293
Ejercicio 137: Análisis de población	294
Ejercicio 138: Tablero de control	296
Ejercicio 139: Análisis Básico exploratorio	300
Ejercicio 140: Combinación de Dataframes	302
Ejercicio 141: Conversión a tipo datetime	304
Ejercicio 142: Creación de columnas	306
Ejercicio 143: Análisis Estadístico Avanzado con Pandas	308
Ejercicio 144: Análisis Avanzado de Series Temporales con Pandas	311
Ejercicio 145: Análisis de Texto y Procesamiento NLP con Pandas	316
Ejercicio 146: Optimización del Rendimiento	319
Ejercicio 147: Visualizaciones Interactivas con Plotly y Widgets	321
Ejercicio 148: Operaciones de Ventanas y Agrupación Avanzada en Pandas	324
Ejercicio 149 Integración de Pandas con Scikit-Learn	326
Ejercicio 150: Simple utilizando Pandas y Streaming	329

CONTENIDO.

1. Manipulación de datos:

- Filtrado y Selección: Ejercicios para seleccionar filas y columnas específicas según criterios definidos.
- Operaciones con Datos: Ejercicios sobre aplicar funciones a columnas, operaciones matemáticas, transformaciones, etc.
- Manejo de Valores Nulos: Actividades para manejar y tratar valores nulos en los datos.
- Operaciones de Cadena: Ejercicios para trabajar con texto en las columnas (extracción, reemplazo, concatenación).

2. Agrupación y Agregación:

- Agrupación de Datos: Ejercicios para agrupar datos basados en columnas específicas.
- Aplicación de Funciones de Agregación: Prácticas sobre la aplicación de funciones de agregación (suma, promedio, conteo, etc.) en grupos de datos.

3. Combinación de Datos:

- Concatenación: Ejercicios para concatenar DataFrames.
- Merge y Join: Actividades para combinar DataFrames basados en columnas comunes.

4. Visualización de Datos:

- Gráficos con Pandas: Ejercicios que incluyan la creación de visualizaciones simples utilizando las capacidades de trazado de Pandas.

5. Problemas del Mundo Real:

- Datos de ejemplo: Proporciona conjuntos de datos que involucren problemas del mundo real (datos financieros, datos de ventas, datos de redes sociales, etc.) y plantea preguntas sobre ellos que requieran manipulación y análisis de datos con Pandas.

6. Optimización y Rendimiento:

- Uso eficiente de Pandas: Desafíos que impliquen manejar grandes conjuntos de datos y cómo optimizar el rendimiento de las operaciones con Pandas.

Ejercicios de Filtrado y Selección.

Ejercicio 1. Filtro y Selección de Datos Básico.

Supongamos que tenemos un conjunto de datos sobre ventas con información detallada sobre productos, cantidades vendidas, precios y fechas de venta:

```
import pandas as pd
import numpy as np
from datetime import datetime

# Crear un DataFrame de ejemplo
data = {
    'Producto': ['A', 'B', 'A', 'C', 'B'],
    'Cantidad': [100, 150, 200, 120, 180],
    'Precio': [10, 15, 12, 8, 14],
    'Fecha_Venta': ['2023-01-01', '2023-01-02', '2023-01-03',
'2023-01-04', '2023-01-05']
}

df = pd.DataFrame(data)

# Convertir la columna 'Fecha_Venta' a tipo datetime
df['Fecha_Venta'] = pd.to_datetime(df['Fecha_Venta'])

print("DataFrame completo:")
print(df)
```

Filtrar ventas de productos con cantidades superiores a 150.
Seleccionar ventas realizadas después del 2023-01-03.
Mostrar solo el producto y la cantidad de esos datos filtrados.

```python
# 1. Filtrar ventas de productos con cantidades superiores a 150
cantidades_altas = df[df['Cantidad'] > 150]

print("\nVentas con cantidades superiores a 150:")
print(cantidades_altas)

# 2. Seleccionar ventas realizadas después del 2023-01-03
ventas_post_0303 = df[df['Fecha_Venta'] > '2023-01-03']

print("\nVentas realizadas después del 2023-01-03:")
print(ventas_post_0303)

# 3. Mostrar solo el producto y la cantidad de esos datos filtrados
subset_resultado = ventas_post_0303[['Producto', 'Cantidad']]

print("\nProducto y Cantidad de ventas después del 2023-01-03:")
print(subset_resultado)
```

Este ejemplo ilustra cómo puedes realizar múltiples operaciones de filtrado y selección en un DataFrame usando Pandas en Python para trabajar con conjuntos de datos más complejos.

Resultado:

```
DataFrame completo:
  Producto  Cantidad  Precio Fecha_Venta
0        A       100      10  2023-01-01
1        B       150      15  2023-01-02
2        A       200      12  2023-01-03
3        C       120       8  2023-01-04
4        B       180      14  2023-01-05

Ventas con cantidades superiores a 150:
  Producto  Cantidad  Precio Fecha_Venta
2        A       200      12  2023-01-03
4        B       180      14  2023-01-05
```

```
Ventas realizadas después del 2023-01-03:
  Producto  Cantidad  Precio Fecha_Venta
3        C       120       8 2023-01-04
4        B       180      14 2023-01-05

Producto y Cantidad de ventas después del 2023-01-03:
  Producto  Cantidad
3        C       120
4        B       180
```

Ejercicio 2. Filtro y Selección de ventas por Ubicación.

Imagina que tienes un conjunto de datos sobre diferentes tiendas con información sobre sus ventas, ubicaciones y beneficios:

```
import pandas as pd

# Crear un DataFrame de ejemplo
data = {
    'Tienda': ['Tienda A', 'Tienda B', 'Tienda C', 'Tienda A', 'Tienda B'],
    'Ubicacion': ['Ciudad1', 'Ciudad2', 'Ciudad1', 'Ciudad3', 'Ciudad2'],
    'Ventas': [5000, 7000, 5500, 4800, 7200],
    'Beneficio': [1200, 1800, 1500, 1000, 2000]
}

df = pd.DataFrame(data)

print("DataFrame completo:")
print(df)
```

Se requiere realizar las siguientes actividades:

1. Filtrar tiendas con ventas superiores a 6000.
2. Seleccionar tiendas ubicadas en 'Ciudad2'.
3. Mostrar solo la ubicación y el beneficio de esas tiendas.

Solución:

```python
# 1. Filtrar tiendas con ventas superiores a 6000
ventas_altas = df[df['Ventas'] > 6000]

print("\nTiendas con ventas superiores a 6000:")
print(ventas_altas)


# 2. Seleccionar tiendas ubicadas en 'Ciudad2'
tiendas_ciudad2 = df[df['Ubicacion'] == 'Ciudad2']

print("\nTiendas ubicadas en Ciudad2:")
print(tiendas_ciudad2)


# 3. Mostrar solo la ubicación y el beneficio de esas tiendas
subset_resultado = tiendas_ciudad2[['Ubicacion', 'Beneficio']]

print("\nUbicación y Beneficio de tiendas en Ciudad2:")
print(subset_resultado)
```

Resultado:

```
DataFrame completo:
     Tienda  Ubicacion  Ventas  Beneficio
0   Tienda A   Ciudad1    5000       1200
1   Tienda B   Ciudad2    7000       1800
2   Tienda C   Ciudad1    5500       1500
3   Tienda A   Ciudad3    4800       1000
4   Tienda B   Ciudad2    7200       2000

Tiendas con ventas superiores a 6000:
     Tienda  Ubicacion  Ventas  Beneficio
1   Tienda B   Ciudad2    7000       1800
4   Tienda B   Ciudad2    7200       2000

Tiendas ubicadas en Ciudad2:
     Tienda  Ubicacion  Ventas  Beneficio
1   Tienda B   Ciudad2    7000       1800
4   Tienda B   Ciudad2    7200       2000

Ubicación y Beneficio de tiendas en Ciudad2:
   Ubicacion  Beneficio
1    Ciudad2       1800
4    Ciudad2       2000
```

Este ejemplo ilustra cómo puedes aplicar múltiples filtros y selecciones en un DataFrame utilizando Pandas en Python para analizar y trabajar con datos específicos según ciertos criterios.

Ejercicio 3. Filtrados y Selecciones (Calificaciones).

Ahora imaginemos un conjunto de datos que contiene información sobre estudiantes, sus calificaciones en diferentes asignaturas y sus edades:

```python
import pandas as pd

# Crear un DataFrame de ejemplo
data = {
    'Estudiante': ['Ana', 'Juan', 'María', 'Pedro', 'Laura'],
    'Edad': [18, 20, 19, 18, 21],
    'Matematicas': [85, 90, 75, 80, 95],
    'Ciencias': [70, 88, 65, 72, 90],
    'Historia': [65, 75, 80, 60, 85]
}

df = pd.DataFrame(data)

print("DataFrame completo:")
print(df)
```

Resultado:

```
DataFrame completo:
  Estudiante  Edad  Matematicas  Ciencias  Historia
0        Ana    18           85        70        65
1       Juan    20           90        88        75
2      María    19           75        65        80
3      Pedro    18           80        72        60
4      Laura    21           95        90        85
```

Se requieren las siguientes actividades:

1. Filtrar estudiantes mayores de 18 años.
2. Seleccionar estudiantes que obtuvieron más de 85 en Matemáticas.
3. Mostrar solo el nombre del estudiante y su calificación en Historia para estos estudiantes seleccionados.

Solución:

```
# 1. Filtrar estudiantes mayores de 18 años
mayores_18 = df[df['Edad'] > 18]

print("\nEstudiantes mayores de 18 años:")
print(mayores_18)

# 2. Seleccionar estudiantes que obtuvieron más de 85 en Matemáticas
altas_matematicas = df[df['Matematicas'] > 85]

print("\nEstudiantes con calificaciones altas en Matemáticas:")
print(altas_matematicas)

# 3. Mostrar solo el nombre del estudiante y su calificación en Historia para estos estudiantes seleccionados
subset_resultado = altas_matematicas[['Estudiante', 'Historia']]

print("\nNombre del estudiante y su calificación en Historia:")
print(subset_resultado)
```

Resultado:

```
Estudiantes mayores de 18 años:
  Estudiante  Edad  Matematicas  Ciencias  Historia
1       Juan    20           90        88        75
2      María    19           75        65        80
4      Laura    21           95        90        85

Estudiantes con calificaciones altas en Matemáticas:
  Estudiante  Edad  Matematicas  Ciencias  Historia
1       Juan    20           90        88        75
4      Laura    21           95        90        85

Nombre del estudiante y su calificación en Historia:
  Estudiante  Historia
1       Juan        75
4      Laura        85
```

Ejercicio 4. Filtrados y Selecciones (Equipos).

Imagina que tienes datos sobre diferentes equipos de fútbol, incluyendo su nombre, la liga en la que compiten y sus resultados en algunos partidos:

```
import pandas as pd

# Crear un DataFrame de ejemplo
data = {
    'Equipo': ['Equipo A', 'Equipo B', 'Equipo C', 'Equipo D', 'Equipo E'],
    'Liga': ['Liga1', 'Liga2', 'Liga1', 'Liga2', 'Liga1'],
    'Partidos_Jugados': [10, 12, 11, 9, 10],
    'Victorias': [6, 8, 4, 3, 7]
}

df = pd.DataFrame(data)

print("DataFrame completo:")
print(df)
```

Realizar la Siguiente actividad:

    1.Filtrar equipos que hayan jugado más de 10 partidos.
    2.Seleccionar equipos que compitan en 'Liga1'.
    3.Mostrar solo el nombre del equipo y el porcentaje de victorias para esos equipos seleccionados.

Solución:

```
# 1. Filtrar equipos que hayan jugado más de 10 partidos

mas_10_partidos = df[df['Partidos_Jugados'] > 10]
```

```python
print("\nEquipos que han jugado más de 10 partidos:")
print(mas_10_partidos)


# 2. Seleccionar equipos que compitan en 'Liga1'
liga1_equipos = df[df['Liga'] == 'Liga1']

print("\nEquipos que compiten en Liga1:")
print(liga1_equipos)


# 3. Mostrar solo el nombre del equipo y el porcentaje de victorias para esos equipos seleccionados
liga1_porcentaje_victorias = liga1_equipos.copy()
liga1_porcentaje_victorias['Porcentaje_Victorias'] = (liga1_porcentaje_victorias['Victorias'] / liga1_porcentaje_victorias['Partidos_Jugados']) * 100
subset_resultado = liga1_porcentaje_victorias[['Equipo', 'Porcentaje_Victorias']]

print("\nNombre del equipo y porcentaje de victorias en Liga1:")
print(subset_resultado)
```

Solución:

```
DataFrame completo:
    Equipo    Liga   Partidos_Jugados   Victorias
0   Equipo A  Liga1                10           6
1   Equipo B  Liga2                12           8
2   Equipo C  Liga1                11           4
3   Equipo D  Liga2                 9           3
4   Equipo E  Liga1                10           7


Equipos que han jugado más de 10 partidos:
    Equipo    Liga   Partidos_Jugados   Victorias
1   Equipo B  Liga2                12           8
2   Equipo C  Liga1                11           4

Equipos que compiten en Liga1:
    Equipo    Liga   Partidos_Jugados   Victorias
0   Equipo A  Liga1                10           6
2   Equipo C  Liga1                11           4
4   Equipo E  Liga1                10           7

Nombre del equipo y porcentaje de victorias en Liga1:
    Equipo    Porcentaje_Victorias
0   Equipo A              60.000000
2   Equipo C              36.363636
4   Equipo E              70.000000
```

Este ejemplo ilustra cómo puedes aplicar filtrados y selecciones en un DataFrame utilizando Pandas en Python para trabajar con datos de diferentes equipos y calcular métricas específicas para análisis posteriores.

Ejercicio 5: Filtro y Clasificación de Películas.

Consideremos un conjunto de datos que contiene información sobre diferentes películas, incluyendo sus géneros, duraciones y calificaciones:

```
import pandas as pd

# Crear un DataFrame de ejemplo
data = {
 'Pelicula': ['Pelicula A', 'Pelicula B', 'Pelicula C', 'Pelicula D', 'Pelicula E'],
 'Genero': ['Accion', 'Comedia', 'Drama', 'Accion', 'Comedia'],
 'Duracion_minutos': [120, 95, 110, 130, 105],
 'Calificacion': [8.5, 7.8, 6.9, 8.0, 7.5]
}

df = pd.DataFrame(data)

print("DataFrame completo:")
print(df)
```

Ahora, supongamos que queremos realizar algunas operaciones:

> Filtrar películas con duración superior a 100 minutos.
> Seleccionar películas del género 'Comedia'.
> Mostrar solo el nombre de la película y su calificación para las películas seleccionadas.

Solución:

Podemos hacerlo así:

```
# 1. Filtrar películas con duración superior a 100 minutos
duracion_superior_100 = df[df['Duracion_minutos'] > 100]

print("\nPelículas con duración superior a 100 minutos:")
print(duracion_superior_100)

# 2. Seleccionar películas del género 'Comedia'
```

```python
comedia_pelis = df[df['Genero'] == 'Comedia']

print("\nPelículas del género Comedia:")
print(comedia_pelis)

# 3. Mostrar solo el nombre de la película y su calificación 
para las películas seleccionadas
subset_resultado = comedia_pelis[['Pelicula', 'Calificacion']]

print("\nNombre de la película y calificación para películas 
de Comedia:")
print(subset_resultado)
```

Este ejemplo muestra cómo puedes utilizar Pandas en Python para filtrar y seleccionar datos específicos en un DataFrame relacionado con películas, según diferentes criterios como duración, género y calificación.

Resultado:

```
DataFrame completo:
    Pelicula    Genero  Duracion_minutos  Calificacion
0  Pelicula A   Accion               120           8.5
1  Pelicula B  Comedia                95           7.8
2  Pelicula C    Drama               110           6.9
3  Pelicula D   Accion               130           8.0
4  Pelicula E  Comedia               105           7.5

Películas con duración superior a 100 minutos:
    Pelicula    Genero  Duracion_minutos  Calificacion
0  Pelicula A   Accion               120           8.5
2  Pelicula C    Drama               110           6.9
3  Pelicula D   Accion               130           8.0
4  Pelicula E  Comedia               105           7.5

Películas del género Comedia:
    Pelicula    Genero  Duracion_minutos  Calificacion
1  Pelicula B  Comedia                95           7.8
4  Pelicula E  Comedia               105           7.5
```

Nombre de la película y calificación para películas de Comedia:
```
     Pelicula  Calificacion
1   Pelicula B      7.8
4   Pelicula E      7.5
```

Operaciones con Datos.

Ejercicio 6. Operaciones Matemáticas y Transformaciones (Calificaciones)

Imagina que tienes un conjunto de datos sobre el rendimiento de estudiantes en diferentes asignaturas, y quieres realizar operaciones matemáticas y transformaciones en estas calificaciones:

```
import pandas as pd

# Crear un DataFrame de ejemplo
data = {
    'Estudiante': ['Ana', 'Juan', 'María', 'Pedro', 'Laura'],
    'Matematicas': [85, 90, 75, 80, 95],
    'Ciencias': [70, 88, 65, 72, 90],
    'Historia': [65, 75, 80, 60, 85]
}

df = pd.DataFrame(data)

print("DataFrame completo:")
print(df)
```

Ahora, supongamos que queremos realizar algunas operaciones:

1. Calcular el promedio de cada estudiante en todas las asignaturas.
2. Aplicar una función para asignar una calificación de 'Aprobado' o 'Reprobado' basada en un umbral del 70%.

Podemos hacerlo así:

Solución:

```python
# 1. Calcular el promedio de cada estudiante en todas las asignaturas
df['Promedio'] = df[['Matematicas', 'Ciencias', 'Historia']].mean(axis=1)

print("\nDataFrame con promedio de cada estudiante:")
print(df)

# 2. Aplicar una función para asignar 'Aprobado' o 'Reprobado' basado en un umbral del 70%
def estado(calificacion):
    if calificacion >= 70:
        return 'Aprobado'
    else:
        return 'Reprobado'

df['Estado'] = df['Promedio'].apply(estado)

print("\nDataFrame con estado de aprobación/reprobación:")
print(df[['Estudiante', 'Promedio', 'Estado']])
```

Resultado:

```
DataFrame completo:
  Estudiante  Matematicas  Ciencias  Historia
0        Ana           85        70        65
1       Juan           90        88        75
2      María           75        65        80
3      Pedro           80        72        60
4      Laura           95        90        85

DataFrame con promedio de cada estudiante:
  Estudiante  Matematicas  Ciencias  Historia    Promedio
0        Ana           85        70        65   73.333333
1       Juan           90        88        75   84.333333
2      María           75        65        80   73.333333
3      Pedro           80        72        60   70.666667
4      Laura           95        90        85   90.000000

DataFrame con estado de aprobación/reprobación:
  Estudiante    Promedio    Estado
0        Ana   73.333333  Aprobado
1       Juan   84.333333  Aprobado
2      María   73.333333  Aprobado
3      Pedro   70.666667  Aprobado
4      Laura   90.000000  Aprobado
```

Este ejemplo ilustra cómo puedes realizar operaciones matemáticas como calcular promedios y aplicar funciones a columnas para realizar transformaciones basadas en criterios específicos en un DataFrame utilizando Pandas en Python.

Ejercicio 7. Operaciones matemáticas y transformaciones (Ventas)

Consideremos un conjunto de datos que contiene información sobre ventas mensuales en diferentes regiones, y queremos realizar operaciones matemáticas y aplicar transformaciones en estos datos:

```
import pandas as pd

# Crear un DataFrame de ejemplo
data = {
    'Region': ['Norte', 'Sur', 'Este', 'Oeste'],
    'Enero': [50000, 60000, 55000, 48000],
    'Febrero': [52000, 62000, 58000, 50000],
    'Marzo': [48000, 58000, 54000, 47000]
}

df = pd.DataFrame(data)

print("DataFrame completo:")
print(df)
```

Ahora, supongamos que queremos realizar algunas operaciones:

Calcular el total de ventas por región en el trimestre.
Aplicar una función para asignar una etiqueta 'Alto', 'Medio' o 'Bajo' basada en el total de ventas en cada región.

Solución:

Podemos hacerlo así:

```python
# 1. Calcular el total de ventas por región en el trimestre
df['Total_Trimestral'] = df[['Enero', 'Febrero', 'Marzo']].sum(axis=1)

print("\nDataFrame con total de ventas por región en el trimestre:")
print(df)

# 2. Aplicar una función para asignar etiquetas 'Alto', 'Medio' o 'Bajo' basado en los totales de ventas
def etiqueta_ventas(total):
    if total >= 170000:
        return 'Alto'
    elif total >= 150000:
        return 'Medio'
    else:
        return 'Bajo'

df['Etiqueta_Ventas'] = df['Total_Trimestral'].apply(etiqueta_ventas)

print("\nDataFrame con etiquetas de ventas por región:")
print(df[['Region', 'Total_Trimestral', 'Etiqueta_Ventas']])
```

En este ejemplo, aplicamos operaciones matemáticas para obtener el total de ventas por región en el trimestre y luego utilizamos una función para asignar etiquetas a estas regiones según el nivel de ventas totales en el trimestre. Esto se hace utilizando Pandas en Python para realizar transformaciones y análisis en un DataFrame.

Resultado:

```
DataFrame completo:
  Region  Enero  Febrero  Marzo
0  Norte  50000    52000  48000
1    Sur  60000    62000  58000
2   Este  55000    58000  54000
3  Oeste  48000    50000  47000

DataFrame con total de ventas por región en el trimestre:
  Region  Enero  Febrero  Marzo  Total_Trimestral
0  Norte  50000    52000  48000            150000
1    Sur  60000    62000  58000            180000
2   Este  55000    58000  54000            167000
3  Oeste  48000    50000  47000            145000

DataFrame con etiquetas de ventas por región:
  Region  Total_Trimestral Etiqueta_Ventas
0  Norte            150000           Medio
1    Sur            180000            Alto
2   Este            167000           Medio
3  Oeste            145000            Bajo
```

Ejercicio 8. Desempeño Financiero.

Consideremos un conjunto de datos que contiene información sobre el desempeño financiero de diferentes empresas en varios trimestres, y queremos realizar operaciones matemáticas y aplicar transformaciones en estos datos:

```
import pandas as pd

# Crear un DataFrame de ejemplo
data = {
 'Empresa': ['Empresa A', 'Empresa B', 'Empresa C', 'Empresa D'],
 'Trimestre1': [500000, 600000, 550000, 480000],
 'Trimestre2': [520000, 620000, 580000, 500000],
 'Trimestre3': [480000, 580000, 540000, 470000]
}

df = pd.DataFrame(data)

print("DataFrame completo:")
print(df)
```

Ahora, supongamos que queremos realizar algunas operaciones:

1. Calcular el promedio de ingresos por trimestre para cada empresa.
**Aplicar una función para asignar una etiqueta 'Creciente', 'Estable' o 'Decreciente' basada en el promedio de ingresos en los trimestres.

Resultado:

Podemos hacerlo así:

```
# 1. Calcular el promedio de ingresos por trimestre para cada empresa
df['Promedio_Trimestral'] = df[['Trimestre1', 'Trimestre2', 'Trimestre3']].mean(axis=1)
```

```
print("\nDataFrame con promedio de ingresos por trimestre para
cada empresa:")
print(df)

# 2. Aplicar una función para asignar etiquetas 'Creciente',
'Estable' o 'Decreciente' basado en los promedios de ingresos
def etiqueta_ingresos(promedio):
 if promedio > 550000:
 return 'Creciente'
 elif promedio >= 500000:
 return 'Estable'
 else:
 return 'Decreciente'

df['Etiqueta_Ingresos'] =
df['Promedio_Trimestral'].apply(etiqueta_ingresos)

print("\nDataFrame con etiquetas de ingresos para cada
empresa:")
print(df[['Empresa', 'Promedio_Trimestral',
'Etiqueta_Ingresos']])
```

En este ejemplo, calculamos el promedio de ingresos por trimestre para cada empresa y luego aplicamos una función para asignar etiquetas según el comportamiento de estos promedios de ingresos. Este proceso ilustra cómo utilizar Pandas en Python para realizar operaciones matemáticas y transformaciones en un DataFrame relacionado con el desempeño financiero de las empresas.

Resultado:

```
DataFrame completo:
     Empresa  Trimestre1  Trimestre2  Trimestre3
0  Empresa A      500000      520000      480000
1  Empresa B      600000      620000      580000
2  Empresa C      550000      580000      540000
3  Empresa D      480000      500000      470000

DataFrame con promedio de ingresos por trimestre para cada
empresa:
     Empresa  Trimestre1  Trimestre2  Trimestre3
Promedio_Trimestral
0  Empresa A      500000      520000      480000
500000.000000
1  Empresa B      600000      620000      580000
600000.000000
2  Empresa C      550000      580000      540000
556666.666667
3  Empresa D      480000      500000      470000
483333.333333

DataFrame con etiquetas de ingresos para cada empresa:
     Empresa  Promedio_Trimestral Etiqueta_Ingresos
0  Empresa A         500000.000000            Estable
1  Empresa B         600000.000000          Creciente
2  Empresa C         556666.666667          Creciente
3  Empresa D         483333.333333        Decreciente
```

Ejercicio 9. Rendimiento de Productos.

Consideremos un conjunto de datos que contiene información sobre el rendimiento de diferentes productos en ventas trimestrales, y queremos realizar operaciones matemáticas y aplicar transformaciones en estos datos:

```
import pandas as pd

# Crear un DataFrame de ejemplo
data = {
 'Producto': ['Producto A', 'Producto B', 'Producto C', 'Producto D'],
 'Ventas_Trimestre1': [1000, 1200, 900, 800],
 'Ventas_Trimestre2': [1100, 1300, 950, 820],
 'Ventas_Trimestre3': [1050, 1250, 920, 810]
}

df = pd.DataFrame(data)

print("DataFrame completo:")
print(df)
```

Ahora, supongamos que queremos realizar algunas operaciones:

Calcular la diferencia entre las ventas de cada producto en el último trimestre y el primer trimestre.
**Aplicar una función para asignar una etiqueta 'Alta', 'Moderada' o 'Baja' basada en la diferencia de ventas entre el último trimestre y el primero.

Solución:

Podemos hacerlo así:

```python
# 1. Calcular la diferencia entre las ventas del último trimestre y el primer trimestre
df['Diferencia_Ventas'] = df['Ventas_Trimestre3'] - df['Ventas_Trimestre1']

print("\nDataFrame con la diferencia de ventas entre el último y el primer trimestre:")
print(df)

# 2. Aplicar una función para asignar etiquetas 'Alta', 'Moderada' o 'Baja' basado en las diferencias de ventas
def etiqueta_diferencia(diferencia):
 if diferencia > 200:
 return 'Alta'
 elif diferencia >= 100:
 return 'Moderada'
 else:
 return 'Baja'

df['Etiqueta_Diferencia'] = df['Diferencia_Ventas'].apply(etiqueta_diferencia)

print("\nDataFrame con etiquetas de diferencia de ventas para cada producto:")
print(df[['Producto', 'Diferencia_Ventas', 'Etiqueta_Diferencia']])
```

En este ejemplo, calculamos la diferencia entre las ventas del último trimestre y el primer trimestre para cada producto, luego aplicamos una función para asignar etiquetas según el nivel de cambio en las ventas. Esto ilustra cómo utilizar Pandas en Python para realizar operaciones matemáticas y transformaciones en un DataFrame relacionado con el rendimiento de los productos en ventas trimestrales.

Resultado:

```
DataFrame completo:
     Producto  Ventas_Trimestre1  Ventas_Trimestre2  Ventas_Trimestre3
0  Producto A               1000               1100               1050
1  Producto B               1200               1300               1250
2  Producto C                900                950                920
3  Producto D                800                820                810

DataFrame con la diferencia de ventas entre el último y el primer
trimestre:
     Producto  Ventas_Trimestre1  Ventas_Trimestre2  Ventas_Trimestre3
Diferencia_Ventas
0  Producto A               1000               1100               1050
50
1  Producto B               1200               1300               1250
50
2  Producto C                900                950                920
20
3  Producto D                800                820                810
10

DataFrame con etiquetas de diferencia de ventas para cada producto:
     Producto  Diferencia_Ventas Etiqueta_Diferencia
0  Producto A                 50                Baja
1  Producto B                 50                Baja
2  Producto C                 20                Baja
3  Producto D                 10                Baja
```

Ejercicio 10. Desempeño de Empleados.

Consideremos un conjunto de datos que contiene información sobre el desempeño de diferentes empleados en una empresa en términos de ventas mensuales, y queremos realizar operaciones matemáticas y aplicar transformaciones en estos datos:

```
import pandas as pd

# Crear un DataFrame de ejemplo
data = {
 'Empleado': ['Juan', 'María', 'Pedro', 'Laura'],
 'Ventas_Enero': [5000, 6000, 5500, 4800],
 'Ventas_Febrero': [5200, 6200, 5800, 5000],
 'Ventas_Marzo': [4800, 5800, 5400, 4700]
}

df = pd.DataFrame(data)

print("DataFrame completo:")
print(df)
```

Ahora, supongamos que queremos realizar algunas operaciones:

> 1. Calcular el total de ventas por empleado en el trimestre.
> **Aplicar una función para asignar una etiqueta 'Alto', 'Medio' o 'Bajo' basada en el total de ventas por empleado.

Solución:

Podemos hacerlo así:

```
# 1. Calcular el total de ventas por empleado en el trimestre
df['Total_Trimestral'] = df[['Ventas_Enero', 'Ventas_Febrero', 'Ventas_Marzo']].sum(axis=1)
```

```
print("\nDataFrame con total de ventas por empleado en el
trimestre:")
print(df)

# 2. Aplicar una función para asignar etiquetas 'Alto',
'Medio' o 'Bajo' basado en los totales de ventas
def etiqueta_ventas(total):
 if total >= 16000:
 return 'Alto'
 elif total >= 14000:
 return 'Medio'
 else:
 return 'Bajo'

df['Etiqueta_Ventas'] =
df['Total_Trimestral'].apply(etiqueta_ventas)

print("\nDataFrame con etiquetas de ventas por empleado:")
print(df[['Empleado', 'Total_Trimestral', 'Etiqueta_Ventas']])
```

En este ejemplo, calculamos el total de ventas por empleado en el trimestre y luego aplicamos una función para asignar etiquetas según el nivel de ventas totales de cada empleado. Esto muestra cómo utilizar Pandas en Python para realizar operaciones matemáticas y transformaciones en un DataFrame relacionado con el desempeño de los empleados en ventas mensuales.

Resultado:

```
DataFrame completo:
  Empleado  Ventas_Enero  Ventas_Febrero  Ventas_Marzo
0     Juan          5000            5200          4800
1    María          6000            6200          5800
2    Pedro          5500            5800          5400
3    Laura          4800            5000          4700

DataFrame con total de ventas por empleado en el trimestre:
  Empleado  Ventas_Enero  Ventas_Febrero  Ventas_Marzo  Total_Trimestral
0     Juan          5000            5200          4800             15000
1    María          6000            6200          5800             18000
2    Pedro          5500            5800          5400             16700
3    Laura          4800            5000          4700             14500

DataFrame con etiquetas de ventas por empleado:
  Empleado  Total_Trimestral Etiqueta_Ventas
0     Juan             15000           Medio
1    María             18000            Alto
2    Pedro             16700            Alto
3    Laura             14500           Medio
```

Valores Nulos.

Ejercicio 11. Manejo de Valores Nulos.

El manejo de valores nulos es crucial al trabajar con datos. Aquí hay un ejemplo en el que mostramos cómo identificar y manejar valores nulos en un DataFrame utilizando Pandas en Python:

Supongamos que tenemos un conjunto de datos que representa las ventas mensuales de una empresa, pero algunos valores están ausentes:

```
import pandas as pd
import numpy as np

# Crear un DataFrame de ejemplo con valores nulos
data = {
 'Mes': ['Enero', 'Febrero', 'Marzo', 'Abril'],
 'Ventas': [5000, np.nan, 5500, None],
 'Gastos': [4000, 4200, None, 4500]
}

df = pd.DataFrame(data)

print("DataFrame con valores nulos:")
print(df)
```

Aquí, `np.nan` representa un valor nulo para las ventas de febrero, y `None` representa un valor nulo para las ventas de abril y los gastos de marzo.

Para manejar estos valores nulos, podemos realizar varias operaciones:

> Identificar valores nulos en el DataFrame.
> Eliminar filas con al menos un valor nulo.
> Rellenar los valores nulos con un valor específico, como el promedio de la columna.

Solución:

Veamos cómo hacerlo:

```
# 1. Identificar valores nulos en el DataFrame
valores_nulos = df.isnull()

print("\nValores nulos en el DataFrame:")
print(valores_nulos)

# 2. Eliminar filas con al menos un valor nulo
df_sin_nulos = df.dropna()

print("\nDataFrame sin filas con valores nulos:")
print(df_sin_nulos)

# 3. Rellenar los valores nulos con el promedio de la columna
(en este caso, para 'Ventas')
promedio_ventas = df['Ventas'].mean()
df['Ventas'].fillna(promedio_ventas, inplace=True)

print("\nDataFrame con valores nulos rellenados en 'Ventas' con el promedio:")
print(df)
```

Estas operaciones muestran diferentes formas de manejar valores nulos en un DataFrame: identificarlos, eliminar filas que los contienen y rellenarlos con valores específicos, como el promedio de la columna en el caso de valores numéricos.

Resultado:

```
DataFrame con valores nulos:
       Mes  Ventas  Gastos
0    Enero  5000.0  4000.0
1  Febrero     NaN  4200.0
```

```
2     Marzo   5500.0      NaN
3     Abril     NaN   4500.0
```

Valores nulos en el DataFrame:
```
    Mes  Ventas  Gastos
0  False   False   False
1  False    True   False
2  False   False    True
3  False    True   False
```

DataFrame sin filas con valores nulos:
```
    Mes  Ventas  Gastos
0  Enero  5000.0  4000.0
```

DataFrame con valores nulos rellenados en 'Ventas' con el promedio:
```
      Mes    Ventas  Gastos
0    Enero   5000.0  4000.0
1  Febrero   5250.0  4200.0
2    Marzo   5500.0     NaN
3    Abril   5250.0  4500.0
```

Ejercicio 12. Valores Nulos en un Conjunto de Datos.

Aquí tienes otro ejemplo de manejo de valores nulos en un conjunto de datos que representa el rendimiento de estudiantes en diferentes asignaturas:

```
import pandas as pd
import numpy as np

# Crear un DataFrame de ejemplo con valores nulos
data = {
 'Estudiante': ['Ana', 'Juan', 'María', 'Pedro', 'Laura'],
 'Matematicas': [85, 90, np.nan, 80, 95],
 'Ciencias': [70, np.nan, 65, 72, 90],
 'Historia': [65, 75, 80, np.nan, 85]
}

df = pd.DataFrame(data)

print("DataFrame con valores nulos:")
print(df)
```

En este caso, algunos estudiantes tienen calificaciones faltantes en ciertas asignaturas. Para manejar esto, podemos realizar las siguientes acciones:

> Contar la cantidad de valores nulos por columna.
> Eliminar filas que contienen al menos un valor nulo.
> Rellenar los valores nulos con el promedio de cada columna.

Solución:

Veamos cómo se hace esto:

```
# 1. Contar la cantidad de valores nulos por columna
valores_nulos_por_columna = df.isnull().sum()

print("\nCantidad de valores nulos por columna:")
print(valores_nulos_por_columna)

# 2. Eliminar filas con al menos un valor nulo
df_sin_nulos = df.dropna()

print("\nDataFrame sin filas con valores nulos:")
print(df_sin_nulos)

# 3. Rellenar los valores nulos con el promedio de cada columna
promedios_por_columna = df.mean()
df = df.fillna(promedios_por_columna)

print("\nDataFrame con valores nulos rellenados con el promedio de cada columna:")
print(df)
```

Estas operaciones muestran diferentes estrategias para manejar valores nulos en un DataFrame: contarlos, eliminar filas que los contienen y rellenarlos con valores específicos, como el promedio de cada columna. Esto puede ser útil para el análisis de datos donde la integridad de la información es importante.

Resultados:

```
DataFrame con valores nulos:
  Estudiante  Matematicas  Ciencias  Historia
0        Ana         85.0      70.0      65.0
1       Juan         90.0       NaN      75.0
2      María          NaN      65.0      80.0
3      Pedro         80.0      72.0       NaN
4      Laura         95.0      90.0      85.0

Cantidad de valores nulos por columna:
Estudiante     0
Matematicas    1
Ciencias       1
Historia       1
dtype: int64

DataFrame sin filas con valores nulos:
  Estudiante  Matematicas  Ciencias  Historia
0        Ana         85.0      70.0      65.0
4      Laura         95.0      90.0      85.0
```

Ejercicio 13. Desempeño de Empleados con Valores Nulos.

Consideremos un conjunto de datos que representa el desempeño de empleados en una empresa, pero con algunos valores nulos en los registros:

```
import pandas as pd
import numpy as np

# Crear un DataFrame de ejemplo con valores nulos
data = {
  'Empleado': ['Juan', 'María', 'Pedro', 'Laura', 'Ana'],
  'Ventas_Enero': [5000, np.nan, 5500, 4800, 5200],
  'Ventas_Febrero': [5200, 6200, 5800, None, 5400],
  'Ventas_Marzo': [4800, 5800, None, 4700, 5100]
}

df = pd.DataFrame(data)

print("DataFrame con valores nulos:")
print(df)
```

Aquí, algunos empleados tienen valores nulos en ciertos meses.

Para manejar estos valores nulos, vamos a realizar las siguientes acciones:

1. Calcular el promedio de ventas por empleado.
2. Rellenar los valores nulos con el promedio de ventas de cada empleado.

Veamos cómo hacerlo:

```
import pandas as pd
import numpy as np

# Crear un DataFrame de ejemplo con valores nulos
```

```python
data = {
    'Empleado': ['Juan', 'María', 'Pedro', 'Laura', 'Ana'],
    'Ventas_Enero': [5000, np.nan, 5500, 4800, 5200],
    'Ventas_Febrero': [5200, 6200, 5800, None, 5400],
    'Ventas_Marzo': [4800, 5800, None, 4700, 5100]
}

df = pd.DataFrame(data)

print("DataFrame con valores nulos:")
print(df)

# Calcular el promedio de ventas por empleado
df['Promedio_Ventas'] = df[['Ventas_Enero', 'Ventas_Febrero', 'Ventas_Marzo']].mean(axis=1)

print("\nDataFrame con promedio de ventas por empleado:")
print(df)
```

En este ejemplo, calculamos el promedio de ventas por empleado, incluyendo los meses en los que haya valores nulos, y luego rellenamos esos valores nulos con el promedio respectivo por empleado. Esto demuestra cómo podemos utilizar Pandas para tratar valores nulos en un conjunto de datos relacionado con el desempeño de los empleados en ventas mensuales.

Resultados:

```
DataFrame con valores nulos:
   Empleado  Ventas_Enero  Ventas_Febrero  Ventas_Marzo
0      Juan        5000.0          5200.0        4800.0
1     María           NaN          6200.0        5800.0
2     Pedro        5500.0          5800.0           NaN
3     Laura        4800.0             NaN        4700.0
4       Ana        5200.0          5400.0        5100.0


DataFrame con promedio de ventas por empleado:
   Empleado  Ventas_Enero  Ventas_Febrero  Ventas_Marzo  Promedio_Ventas
0      Juan        5000.0          5200.0        4800.0      5000.000000
1     María           NaN          6200.0        5800.0      6000.000000
2     Pedro        5500.0          5800.0           NaN      5650.000000
3     Laura        4800.0             NaN        4700.0      4750.000000
4       Ana        5200.0          5400.0        5100.0      5233.333333
```

Ejercicio 14. Valor Nulos en Puntuación de Estudiantes.

Aquí tienes otro ejemplo donde manejamos valores nulos en un conjunto de datos que contiene información sobre la puntuación de estudiantes en exámenes de diferentes materias:

```
import pandas as pd
import numpy as np

# Crear un DataFrame de ejemplo con valores nulos
data = {
 'Estudiante': ['Ana', 'Juan', 'María', 'Pedro', 'Laura'],
 'Matematicas': [85, np.nan, 75, 80, 95],
 'Ciencias': [70, 88, np.nan, 72, 90],
 'Historia': [65, 75, 80, np.nan, 85]
}

df = pd.DataFrame(data)

print("DataFrame con valores nulos:")
print(df)

# Calcular el promedio de puntuaciones por estudiante
df['Promedio'] = df.mean(axis=1, skipna=True)

print("\nDataFrame con promedio de puntuaciones por estudiante:")
print(df)

# Rellenar valores nulos con el promedio de cada columna
df.fillna(df.mean(), inplace=True)

print("\nDataFrame con valores nulos rellenados con el promedio de cada columna:")
print(df)
```

En este ejemplo, calculamos el promedio de puntuaciones por estudiante utilizando el método `mean(axis=1)` y luego llenamos los valores nulos con el promedio de cada columna usando `fillna()`. Esto nos permite mantener la integridad de los datos al reemplazar los valores faltantes con medidas como el promedio de la columna respectiva.

Resultado:

```
DataFrame con valores nulos:
  Estudiante  Matematicas  Ciencias  Historia
0        Ana         85.0      70.0      65.0
1       Juan          NaN      88.0      75.0
2      María         75.0       NaN      80.0
3      Pedro         80.0      72.0       NaN
4      Laura         95.0      90.0      85.0
```

Ejercicio 15. Valores nulos en Calificaciones de Estudiantes.

Aquí tienes otro ejemplo donde manejamos valores nulos en un conjunto de datos que representa las calificaciones de estudiantes en diferentes asignaturas:

```python
import pandas as pd
import numpy as np

# Crear un DataFrame de ejemplo con valores nulos
data = {
    'Estudiante': ['Ana', 'Juan', 'María', 'Pedro', 'Laura'],
    'Matematicas': [85, np.nan, 75, 80, np.nan],
    'Ciencias': [70, 88, np.nan, 72, 90],
    'Historia': [65, np.nan, 80, np.nan, 85]
}
df = pd.DataFrame(data)

print("DataFrame con valores nulos:")
print(df)

# Calcular el promedio de puntuaciones por estudiante
# (ignorando valores nulos por estudiante)
df['Promedio'] = df[['Matematicas', 'Ciencias',
'Historia']].mean(axis=1, skipna=True)

print("\nDataFrame con promedio de puntuaciones por estudiante:")
```

```python
print(df)

# Rellenar valores nulos en cada columna con el promedio de esa columna
for col in df.columns[1:]:  # Excluir la columna 'Estudiante'
    df[col].fillna(df[col].mean(), inplace=True)

print("\nDataFrame con valores nulos rellenados con el promedio de cada columna:")
print(df)
```

En este ejemplo, nuevamente calculamos el promedio de las calificaciones por estudiante y luego llenamos los valores nulos con el promedio de cada columna usando `fillna()`. Esto nos ayuda a mantener la consistencia de los datos y a utilizar medidas estadísticas para imputar valores faltantes en el conjunto de datos.

Resultado:

```
  Estudiante  Matematicas  Ciencias  Historia
0        Ana         85.0      70.0      65.0
1       Juan          NaN      88.0       NaN
2      María         75.0       NaN      80.0
3      Pedro         80.0      72.0       NaN
4      Laura          NaN      90.0      85.0

DataFrame con promedio de puntuaciones por estudiante:
  Estudiante  Matematicas  Ciencias  Historia    Promedio
0        Ana         85.0      70.0      65.0   73.333333
1       Juan          NaN      88.0       NaN   88.000000
2      María         75.0       NaN      80.0   77.500000
3      Pedro         80.0      72.0       NaN   76.000000
4      Laura          NaN      90.0      85.0   87.500000

DataFrame con valores nulos rellenados con el promedio de cada columna:
```

	Estudiante	Matematicas	Ciencias	Historia	Promedio
0	Ana	85.0	70.0	65.000000	73.333333
1	Juan	80.0	88.0	76.666667	88.000000
2	María	75.0	80.0	80.000000	77.500000
3	Pedro	80.0	72.0	76.666667	76.000000
4	Laura	80.0	90.0	85.000000	87.500000

Ejercicio 16. Manipulación de texto en columnas

Supongamos que tienes un conjunto de datos sobre libros con una columna "Título" que contiene el nombre del libro junto con el año de publicación entre paréntesis al final. Necesitas limpiar esta columna para separar el título del año en dos columnas diferentes.

Datos de ejemplo:

```
import pandas as pd

data = {
 'Título': [
 'Cien años de soledad (1967)',
 'El señor de los anillos (1954)',
 '1984 (1949)',
 'El gran Gatsby (1925)'
 ]
}

df = pd.DataFrame(data)
```

Ejercicio:

    Crear dos nuevas columnas: "Título del Libro" y "Año de Publicación".
    Separar el título del libro: Extraer el título del libro en la columna correspondiente.
    Extraer el año de publicación: Extraer el año de publicación en la columna correspondiente.
    Limpiar los datos: Eliminar los paréntesis y cualquier otro carácter no deseado en las nuevas columnas.

```
# Solución del ejercicio
```

```python
df['Título del Libro'] = df['Título'].str.extract(r'^(.*?)\s*\(')
df['Año de Publicación'] = df['Título'].str.extract(r'\((\d{4})\)$')

# Limpieza de datos
df['Título del Libro'] = df['Título del Libro'].str.strip()
df['Año de Publicación'] = df['Año de Publicación'].astype(str)

# Resultado final
print(df)
```

Este ejercicio utiliza expresiones regulares (`extract`) para separar el título del año de publicación en dos columnas diferentes. Posteriormente, se realiza una limpieza básica para asegurarse de que los datos estén formateados correctamente en las nuevas columnas.

¡Puedes probar este ejercicio en tu entorno de Pandas para familiarizarte con la manipulación de texto en las columnas!

Resultado:

```
                         Título     Título del Libro  Año de Publicación
0   Cien años de soledad (1967)  Cien años de soledad              1967
1  El señor de los anillos (1954)  El señor de los anillos          1954
2                   1984 (1949)                 1984              1949
3           El gran Gatsby (1925)        El gran Gatsby            1925
```

Concatenación.

Ejercicio 17. Reemplazo y Concatenación de Texto en Columnas

Supongamos que tienes un conjunto de datos sobre películas con una columna "Título" que contiene el nombre de la película y otra columna "País" que indica el país de producción. Necesitas ajustar la columna del título para reemplazar la palabra "The" por "La" en los títulos de las películas y luego crear una nueva columna que concatene el título con el país.

Datos de ejemplo:

```
import pandas as pd

data = {
 'Título': [
 'The Godfather',
 'The Shawshank Redemption',
 'The Dark Knight',
 'The Lord of the Rings'
 ],
 'País': [
 'USA',
 'USA',
 'USA',
 'New Zealand'
 ]
}

df = pd.DataFrame(data)
```

Ejercicio:

Reemplazar "The" por "La": Modificar la columna "Título" para reemplazar la palabra "The" por "La" en los títulos de las películas.

Crear una nueva columna: Crear una nueva columna llamada "Título y País" que concatene el título ajustado con el país de producción.

```
# Solución del ejercicio
df['Título'] = df['Título'].str.replace('The', 'La')

# Creación de la columna 'Título y País'
df['Título y País'] = df['Título'] + ' - ' + df['País']

# Resultado final
print(df)
```

Este ejercicio utiliza el método `replace` para reemplazar la palabra "The" por "La" en la columna "Título". Luego, se crea una nueva columna llamada "Título y País" que concatena el título ajustado con la columna "País". Esto ayuda a combinar la información del título y el país en una nueva columna.

Resultado:

```
                   Título         País                    Título y País
0            La Godfather          USA             La Godfather - USA
1  La Shawshank Redemption        USA   La Shawshank Redemption - USA
2          La Dark Knight          USA           La Dark Knight - USA
3     La Lord of the Rings  New Zealand  La Lord of the Rings - New Zealand
```

Ejercicio 18 .Extracción y Concatenación de Datos

Supongamos que tienes un DataFrame que contiene información sobre películas. Tienes una columna "Nombre_Completo" que incluye el nombre completo del director de la película. Necesitas dividir esta columna en dos columnas separadas, "Nombre" y "Apellido". Además, deseas crear una nueva columna que combine el nombre del director con el país de producción de la película.

Datos de ejemplo:

```
import pandas as pd

data = {
 'Nombre_Completo': [
 'Christopher Nolan',
 'Quentin Tarantino',
 'Martin Scorsese',
 'Steven Spielberg'
 ],
 'País': [
 'USA',
 'USA',
 'USA',
 'USA'
 ]
}

df = pd.DataFrame(data)
```

Ejercicio:

Dividir en Nombre y Apellido: Crear dos nuevas columnas "Nombre" y "Apellido" dividiendo la columna "Nombre_Completo".
Crear una nueva columna: Crear una columna llamada "Director_País" que concatene el nombre del director con el país de producción.

Resultado:

```
# Solución del ejercicio
df[['Nombre', 'Apellido']] = df['Nombre_Completo'].str.split(' ', 1, expand=True)

# Creación de la columna 'Director_País'
df['Director_País'] = df['Nombre_Completo'] + ' - ' + df['País']

# Resultado final
print(df)
```

Este ejercicio utiliza el método `split` para dividir la columna "Nombre_Completo" en dos columnas separadas, "Nombre" y "Apellido". Luego, se crea una nueva columna llamada "Director_País" que combina el nombre del director con el país de producción de la película. Esto te permite fusionar datos del director y el país en una nueva columna.

Resultado:

Nombre_Completo	País	Nombre	Apellido	Director_País
Christopher Nolan	USA	Christopher	Nolan	Christopher Nolan - USA
Quentin Tarantino	USA	Quentin	Tarantino	Quentin Tarantino - USA
Martin Scorsese	USA	Martin	Scorsese	Martin Scorsese - USA
Steven Spielberg	USA	Steven	Spielberg	Steven Spielberg - USA

Ejercicio 19: División de Columnas

Supongamos que tienes un DataFrame con una columna llamada "Email" que contiene direcciones de correo electrónico en el siguiente formato: "nombre.apellido@dominio.com". Queremos dividir esta columna en tres nuevas columnas: "Nombre", "Apellido" y "Dominio".

```
import pandas as pd

data = {
 'Email': [
 'juan.perez@example.com',
 'ana.gomez@example.com',
 'carlos.rodriguez@example.com'
 ]
}

df = pd.DataFrame(data)

# Solución del ejercicio
df[['Nombre', 'Apellido', 'Dominio']] = df['Email'].str.split('@|\.', expand=True)[[0, 1, 2]]

print(df)
```

Este código divide la columna "Email" en tres nuevas columnas: "Nombre", "Apellido" y "Dominio", utilizando la función `split` de Pandas y expresiones regulares para dividir la cadena en el carácter "@" y el punto ".".

Resultado:

```
                          Email   Nombre    Apellido  Dominio
0          juan.perez@example.com      juan       perez  example
1           ana.gomez@example.com       ana       gomez  example
2  carlos.rodriguez@example.com    carlos   rodriguez  example
```

Ejercicio 20. División de Columnas

Supongamos que tienes un DataFrame con una columna llamada "Dirección" que contiene información de direcciones en el siguiente formato: "Calle, Ciudad, Código Postal". Queremos dividir esta columna en tres nuevas columnas: "Calle", "Ciudad" y "Código Postal".

```
import pandas as pd

data = {
 'Direccion': [
 'Av. Primera, Ciudad A, 12345',
 'Calle Principal, Ciudad B, 54321',
 'Av. Central, Ciudad C, 67890'
 ]
}

df = pd.DataFrame(data)

# Solución del ejercicio
df[['Calle', 'Ciudad', 'Codigo Postal']] = df['Direccion'].str.split(', ', expand=True)

print(df)
```

Este código divide la columna "Direccion" en tres nuevas columnas: "Calle", "Ciudad" y "Codigo Postal", utilizando la función `split` de Pandas con la coma y el espacio como separadores.

Resultado:

```
                        Direccion            Calle    Ciudad Codigo Postal
0        Av. Primera, Ciudad A, 12345    Av. Primera  Ciudad A        12345
1   Calle Principal, Ciudad B, 54321  Calle Principal Ciudad B        54321
2        Av. Central, Ciudad C, 67890    Av. Central  Ciudad C        67890
```

Agrupación de Datos

Ejercicio 21. Agrupación de datos de Ventas Mensuales.

Aquí tienes un ejercicio que demuestra cómo agrupar datos utilizando Pandas en Python. Supongamos que tenemos un conjunto de datos que representa las ventas mensuales de diferentes productos por región:

```
import pandas as pd

# Crear un DataFrame de ejemplo
data = {
 'Region': ['Norte', 'Sur', 'Este', 'Oeste', 'Norte', 'Sur', 'Este', 'Oeste'],
 'Producto': ['A', 'B', 'A', 'B', 'A', 'B', 'A', 'B'],
 'Ventas': [10000, 15000, 12000, 11000, 9000, 13500, 11500, 10500]
}

df = pd.DataFrame(data)

print("DataFrame original:")
print(df)
```

Ahora, supongamos que queremos obtener el total de ventas por región y producto. Podemos hacerlo utilizando la función `groupby` de Pandas:

```
# Agrupar datos por región y producto, sumar las ventas
ventas_por_region_producto = df.groupby(['Region', 'Producto'])['Ventas'].sum()

print("\nTotal de ventas por región y producto:")
print(ventas_por_region_producto)
```

Este código agrupa los datos por las columnas 'Region' y 'Producto', luego suma las ventas para cada combinación de región y producto, mostrando el total de ventas por cada una de estas combinaciones. Esta es una forma útil de resumir datos para comprender mejor las ventas de productos en diferentes regiones.

Resultado:

```
DataFrame original:
   Region Producto  Ventas
0   Norte        A   10000
1     Sur        B   15000
2    Este        A   12000
3   Oeste        B   11000
4   Norte        A    9000
5     Sur        B   13500
6    Este        A   11500
7   Oeste        B   10500

Total de ventas por región y producto:
Region  Producto
Este    A           23500
Norte   A           19000
Oeste   B           21500
Sur     B           28500
Name: Ventas, dtype: int64
```

Ejercicio 22. Rendimiento de Empleados

Vamos a trabajar con un conjunto de datos que contiene información sobre el rendimiento de diferentes empleados en diferentes departamentos:

```
import pandas as pd

# Crear un DataFrame de ejemplo
data = {
 'Empleado': ['Ana', 'Juan', 'María', 'Pedro', 'Laura', 'Carlos'],
 'Departamento': ['Ventas', 'Tecnología', 'Ventas', 'Tecnología', 'RRHH', 'RRHH'],
 'Ventas': [5000, 6000, 5500, 4800, 5200, 4800],
 'Horas_Trabajadas': [160, 150, 155, 165, 170, 155]
}

df = pd.DataFrame(data)

print("DataFrame original:")
print(df)
```

Supongamos que queremos obtener el promedio de ventas y horas trabajadas por departamento. Podemos hacerlo utilizando la función groupby de Pandas:

```
# Agrupar datos por departamento y calcular el promedio de ventas y horas trabajadas
promedio_por_departamento = df.groupby('Departamento').agg({
 'Ventas': 'mean',
 'Horas_Trabajadas': 'mean'
})

print("\nPromedio de ventas y horas trabajadas por departamento:")
print(promedio_por_departamento)
```

Este código agrupa los datos por el campo 'Departamento' y calcula el promedio de ventas y horas trabajadas para cada departamento, proporcionando una visión resumida del rendimiento promedio en ventas y tiempo trabajado por departamento.

Resultado:

```
DataFrame original:
  Empleado Departamento  Ventas  Horas_Trabajadas
0      Ana       Ventas    5000               160
1     Juan   Tecnología    6000               150
2    María       Ventas    5500               155
3    Pedro   Tecnología    4800               165
4    Laura         RRHH    5200               170
5   Carlos         RRHH    4800               155

Promedio de ventas y horas trabajadas por departamento:
              Ventas  Horas_Trabajadas
Departamento
RRHH          5000.0             162.5
Tecnología    5400.0             157.5
Ventas        5250.0             157.5
```

Ejercicio 23. Rendimiento de estudiantes.

Consideremos un conjunto de datos que contiene información sobre el rendimiento de diferentes estudiantes en diferentes asignaturas:

```
import pandas as pd

# Crear un DataFrame de ejemplo
data = {
 'Estudiante': ['Ana', 'Juan', 'María', 'Pedro', 'Laura', 'Carlos'],
 'Asignatura': ['Matemáticas', 'Historia', 'Matemáticas', 'Historia', 'Matemáticas', 'Historia'],
 'Calificacion': [85, 70, 90, 75, 80, 65],
 'Clase': ['A', 'B', 'A', 'B', 'A', 'B']
}

df = pd.DataFrame(data)

print("DataFrame original:")
print(df)
```

Ahora, supongamos que queremos obtener el promedio de calificaciones por asignatura y clase. Podemos hacerlo utilizando la función `groupby` de Pandas:

```
# Agrupar datos por asignatura y clase, calcular el promedio de calificaciones
promedio_por_asignatura_clase = df.groupby(['Asignatura', 'Clase']).agg({
 'Calificacion': 'mean'
})

print("\nPromedio de calificaciones por asignatura y clase:")
print(promedio_por_asignatura_clase)
```

Este código agrupa los datos por las columnas 'Asignatura' y 'Clase' y calcula el promedio de calificaciones para cada combinación de asignatura y clase, ofreciendo una visión resumida del rendimiento promedio en cada asignatura y clase.

Resultado:

```
DataFrame original:
  Estudiante    Asignatura  Calificacion Clase
0        Ana   Matemáticas            85     A
1       Juan      Historia            70     B
2      María   Matemáticas            90     A
3      Pedro      Historia            75     B
4      Laura   Matemáticas            80     A
5     Carlos      Historia            65     B

Promedio de calificaciones por asignatura y clase:
                   Calificacion
Asignatura   Clase
Historia     B             70.0
Matemáticas  A             85.0
```

Ejercicio 24. Desempeño de Empleados.

Vamos a trabajar con un conjunto de datos que contiene información sobre el desempeño de empleados en diferentes departamentos y meses:

```
import pandas as pd

# Crear un DataFrame de ejemplo
data = {
  'Empleado': ['Ana', 'Juan', 'María', 'Pedro', 'Laura',
'Carlos', 'Ana', 'Juan', 'María', 'Pedro', 'Laura', 'Carlos'],
  'Departamento': ['Ventas', 'Tecnología', 'Ventas',
'Tecnología', 'RRHH', 'RRHH', 'Ventas', 'Tecnología',
'Ventas', 'Tecnología', 'RRHH', 'RRHH'],
  'Mes': ['Ene', 'Ene', 'Ene', 'Ene', 'Ene', 'Ene', 'Feb',
'Feb', 'Feb', 'Feb', 'Feb', 'Feb'],
  'Ventas': [5000, 6000, 5500, 4800, 5200, 4800, 5200, 5900,
5600, 4900, 5300, 4900],
  'Horas_Trabajadas': [160, 150, 155, 165, 170, 155, 165, 155,
160, 170, 175, 160]
}

df = pd.DataFrame(data)

print("DataFrame original:")
print(df)
```

Supongamos que queremos obtener el promedio de ventas y horas trabajadas por departamento y mes. Podemos hacerlo utilizando la función `groupby` de Pandas:

```
# Agrupar datos por departamento y mes, calcular el promedio
de ventas y horas trabajadas
promedio_por_departamento_mes = df.groupby(['Departamento',
'Mes']).agg({
  'Ventas': 'mean',
  'Horas_Trabajadas': 'mean'
```

```
})

print("\nPromedio de ventas y horas trabajadas por
departamento y mes:")
print(promedio_por_departamento_mes)
```

Este código agrupa los datos por 'Departamento' y 'Mes', y luego calcula el promedio de ventas y horas trabajadas para cada combinación de departamento y mes, ofreciendo una visión resumida del rendimiento promedio en ventas y tiempo trabajado por departamento y mes.

Resultado:

```
DataFrame original:
    Empleado  Departamento  Mes  Ventas  Horas_Trabajadas
0        Ana        Ventas  Ene    5000               160
1       Juan    Tecnología  Ene    6000               150
2      María        Ventas  Ene    5500               155
3      Pedro    Tecnología  Ene    4800               165
4      Laura          RRHH  Ene    5200               170
5     Carlos          RRHH  Ene    4800               155
6        Ana        Ventas  Feb    5200               165
7       Juan    Tecnología  Feb    5900               155
8      María        Ventas  Feb    5600               160
9      Pedro    Tecnología  Feb    4900               170
10     Laura          RRHH  Feb    5300               175
11    Carlos          RRHH  Feb    4900               160

Promedio de ventas y horas trabajadas por departamento y mes:
                  Ventas  Horas_Trabajadas
Departamento Mes
RRHH         Ene  5000.0             162.5
             Feb  5100.0             167.5
Tecnología   Ene  5400.0             157.5
             Feb  5400.0             162.5
Ventas       Ene  5250.0             157.5
             Feb  5400.0             162.5
```

Aplicación de Funciones de Agregación

Ejercicio 25. Ventas por Producto y por Mes

Vamos a trabajar con un conjunto de datos que contiene información sobre ventas por producto y mes:

```
import pandas as pd

# Crear un DataFrame de ejemplo
data = {
  'Producto': ['A', 'B', 'A', 'B', 'A', 'B', 'A', 'B'],
  'Mes': ['Ene', 'Ene', 'Feb', 'Feb', 'Mar', 'Mar', 'Mar', 'Mar'],
  'Ventas': [5000, 6000, 5500, 4800, 5200, 4800, 5100, 4900]
}

df = pd.DataFrame(data)

print("DataFrame original:")
print(df)
```

Supongamos que queremos obtener el total de ventas y la cantidad de transacciones por producto. Podemos hacerlo utilizando la función `groupby` de Pandas junto con funciones de agregación como `sum` y `count`:

```
# Agrupar datos por producto, calcular la suma de ventas y
contar la cantidad de transacciones
resumen_ventas = df.groupby('Producto').agg({
  'Ventas': 'sum',
```

```python
    'Mes': 'count'
})

# Renombrar las columnas para mayor claridad
resumen_ventas.rename(columns={'Ventas': 'Total_Ventas',
'Mes': 'Cantidad_Transacciones'}, inplace=True)

print("\nResumen de ventas por producto:")
print(resumen_ventas)
```

Este código agrupa los datos por 'Producto', calcula la suma total de ventas y cuenta la cantidad de transacciones para cada producto. Proporciona un resumen que muestra el total de ventas y la cantidad de transacciones por producto.

Resultado:

```
DataFrame original:
  Producto  Mes  Ventas
0    A      Ene   5000
1    B      Ene   6000
2    A      Feb   5500
3    B      Feb   4800
4    A      Mar   5200
5    B      Mar   4800
6    A      Mar   5100
7    B      Mar   4900

Resumen de ventas por producto:
          Total_Ventas  Cantidad_Transacciones
Producto
A              20800                       4
B              20500                       4
```

Ejercicio 26. Agregación, Rendimiento de Empleados.

Vamos a trabajar con un conjunto de datos que contiene información sobre el rendimiento de empleados en diferentes departamentos:

```
import pandas as pd

# Crear un DataFrame de ejemplo
data = {
 'Empleado': ['Ana', 'Juan', 'María', 'Pedro', 'Laura', 'Carlos'],
 'Departamento': ['Ventas', 'Tecnología', 'Ventas', 'Tecnología', 'RRHH', 'RRHH'],
 'Ventas': [5000, 6000, 5500, 4800, 5200, 4800],
 'Horas_Trabajadas': [160, 150, 155, 165, 170, 155]
}

df = pd.DataFrame(data)

print("DataFrame original:")
print(df)
```

Supongamos que queremos obtener la suma total de ventas y el promedio de horas trabajadas por departamento. Podemos hacerlo utilizando la función `groupby` de Pandas junto con las funciones de agregación `sum` y `mean`:

```
# Agrupar datos por departamento, calcular la suma de ventas y el promedio de horas trabajadas
resumen_departamento = df.groupby('Departamento').agg({
 'Ventas': 'sum',
 'Horas_Trabajadas': 'mean'
})

# Renombrar las columnas para mayor claridad
```

```python
resumen_departamento.rename(columns={'Ventas': 'Total_Ventas',
'Horas_Trabajadas': 'Promedio_Horas_Trabajadas'},
inplace=True)

print("\nResumen por departamento:")
print(resumen_departamento)
```

Este código agrupa los datos por 'Departamento', calcula la suma total de ventas y el promedio de horas trabajadas para cada departamento. Proporciona un resumen que muestra la suma total de ventas y el promedio de horas trabajadas por departamento.

Resultado:

```
DataFrame original:
   Empleado  Departamento  Ventas  Horas_Trabajadas
0       Ana        Ventas    5000               160
1      Juan    Tecnología    6000               150
2     María        Ventas    5500               155
3     Pedro    Tecnología    4800               165
4     Laura          RRHH    5200               170
5    Carlos          RRHH    4800               155

Resumen por departamento:
              Total_Ventas  Promedio_Horas_Trabajadas
Departamento
RRHH                 10000                      162.5
Tecnología           10800                      157.5
Ventas               10500                      157.5
```

Ejercicio 27. Conjunto de datos

Trabajemos con un conjunto de datos que contenga información sobre ventas por categoría de productos y su respectiva cantidad:

```
import pandas as pd

# Crear un DataFrame de ejemplo
data = {
 'Categoria': ['Electrónicos', 'Ropa', 'Electrónicos', 'Ropa', 'Electrónicos', 'Ropa'],
 'Cantidad': [50, 30, 45, 20, 55, 25],
 'Ventas': [5000, 3000, 4500, 2000, 5500, 2500]
}

df = pd.DataFrame(data)

print("DataFrame original:")
print(df)
```

Ahora, si queremos obtener la suma total de ventas y la cantidad total por categoría de productos, podemos usar la función `groupby` junto con las funciones de agregación `sum` y `sum`:

```
# Agrupar datos por categoría, calcular la suma de ventas y la suma de la cantidad
resumen_categoria = df.groupby('Categoria').agg({
 'Ventas': 'sum',
 'Cantidad': 'sum'
})

# Renombrar las columnas para mayor claridad
resumen_categoria.rename(columns={'Ventas': 'Total_Ventas', 'Cantidad': 'Total_Cantidad'}, inplace=True)
```

```
print("\nResumen por categoría de productos:")
print(resumen_categoria)
```

Resultado:

```
DataFrame original:
      Categoria  Cantidad  Ventas
0   Electrónicos        50    5000
1           Ropa        30    3000
2   Electrónicos        45    4500
3           Ropa        20    2000
4   Electrónicos        55    5500
5           Ropa        25    2500

Resumen por categoría de productos:
              Total_Ventas  Total_Cantidad
Categoria
Electrónicos         15000             150
Ropa                  7500              75
```

Este código agrupa los datos por 'Categoria', calcula la suma total de ventas y la suma total de la cantidad para cada categoría de productos. Proporciona un resumen mostrando la suma total de ventas y la cantidad total por cada categoría de productos.

Ejercicio 28: Información de Ventas

Consideremos un conjunto de datos que contenga información sobre ventas mensuales de diferentes productos en diferentes regiones:

```
import pandas as pd

# Crear un DataFrame de ejemplo
data = {
 'Region': ['Norte', 'Sur', 'Este', 'Oeste', 'Norte', 'Sur', 'Este', 'Oeste'],
 'Producto': ['A', 'B', 'A', 'B', 'A', 'B', 'A', 'B'],
 'Ventas': [5000, 6000, 5500, 4800, 5200, 4800, 5100, 4900]
}

df = pd.DataFrame(data)

print("DataFrame original:")
print(df)
```

Supongamos que queremos obtener la suma total de ventas por región y producto. Podemos hacerlo utilizando `groupby` con la función de agregación `sum`:

```
# Agrupar datos por región y producto, calcular la suma de ventas
resumen_ventas = df.groupby(['Region', 'Producto']).agg({'Ventas': 'sum'})

# Reiniciar el índice para obtener un DataFrame más limpio
resumen_ventas = resumen_ventas.reset_index()

print("\nResumen de ventas por región y producto:")
print(resumen_ventas)
```

Este código agrupa los datos por 'Region' y 'Producto', calcula la suma total de ventas para cada combinación de región y producto, y muestra un resumen con la suma total de ventas por región y producto.

Resultado:

```
DataFrame original:
   Region Producto  Ventas
0   Norte        A    5000
1     Sur        B    6000
2    Este        A    5500
3   Oeste        B    4800
4   Norte        A    5200
5     Sur        B    4800
6    Este        A    5100
7   Oeste        B    4900

Resumen de ventas por región y producto:
   Region Producto  Ventas
0    Este        A   10600
1   Norte        A   10200
2   Oeste        B    9700
3     Sur        B   10800
```

Ejercicio 29. Representación de rendimiento.

Trabajemos con un conjunto de datos que represente el rendimiento de diferentes empleados en diferentes departamentos durante varios meses:

```
import pandas as pd

# Crear un DataFrame de ejemplo
data = {
 'Empleado': ['Ana', 'Juan', 'María', 'Pedro', 'Laura',
'Carlos', 'Ana', 'Juan', 'María', 'Pedro', 'Laura', 'Carlos'],
 'Departamento': ['Ventas', 'Tecnología', 'Ventas',
'Tecnología', 'RRHH', 'RRHH', 'Ventas', 'Tecnología',
'Ventas', 'Tecnología', 'RRHH', 'RRHH'],
 'Mes': ['Ene', 'Ene', 'Ene', 'Ene', 'Ene', 'Ene', 'Feb',
'Feb', 'Feb', 'Feb', 'Feb', 'Feb'],
 'Ventas': [5000, 6000, 5500, 4800, 5200, 4800, 5200, 5900,
5600, 4900, 5300, 4900]
}

df = pd.DataFrame(data)

print("DataFrame original:")
print(df)
```

Si queremos calcular la suma total de ventas por empleado y departamento, podemos usar `groupby` y la función de agregación `sum`:

```
# Agrupar datos por empleado y departamento, calcular la suma de ventas
resumen_ventas = df.groupby(['Empleado',
'Departamento']).agg({'Ventas': 'sum'})

# Reiniciar el índice para obtener un DataFrame más limpio
resumen_ventas = resumen_ventas.reset_index()

print("\nResumen de ventas por empleado y departamento:")
```

```
print(resumen_ventas)
```

Esto agrupa los datos por 'Empleado' y 'Departamento', calcula la suma total de ventas para cada combinación de empleado y departamento, y muestra un resumen con la suma total de ventas por empleado y departamento.

Resultado:

```
DataFrame original:
    Empleado  Departamento  Mes   Ventas
0        Ana        Ventas  Ene     5000
1       Juan    Tecnología  Ene     6000
2      María        Ventas  Ene     5500
3      Pedro    Tecnología  Ene     4800
4      Laura          RRHH  Ene     5200
5     Carlos          RRHH  Ene     4800
6        Ana        Ventas  Feb     5200
7       Juan    Tecnología  Feb     5900
8      María        Ventas  Feb     5600
9      Pedro    Tecnología  Feb     4900
10     Laura          RRHH  Feb     5300
11    Carlos          RRHH  Feb     4900

Resumen de ventas por empleado y departamento:
   Empleado  Departamento  Ventas
0       Ana        Ventas   10200
1    Carlos          RRHH    9700
2      Juan    Tecnología   11900
3     Laura          RRHH   10500
4     María        Ventas   11100
5     Pedro    Tecnología    9700
```

Ejercicio 30. Concatenación Vertical

Vamos a crear dos DataFrames y luego los concatenaremos en uno solo.

```
import pandas as pd

# Crear dos DataFrames de ejemplo
data1 = {
 'A': [1, 2, 3],
 'B': ['A', 'B', 'C']
}
data2 = {
 'A': [4, 5, 6],
 'B': ['D', 'E', 'F']
}

df1 = pd.DataFrame(data1)
df2 = pd.DataFrame(data2)

print("DataFrame 1:")
print(df1)

print("\nDataFrame 2:")
print(df2)
```

Ahora, concatenemos ambos DataFrames verticalmente:

```
# Concatenar verticalmente (por filas)
result = pd.concat([df1, df2])

print("\nResultado de la concatenación:")
print(result)
```

Esto combinará los dos DataFrames uno debajo del otro, manteniendo las columnas. La concatenación vertical se realiza a lo largo del eje 0 (filas) por defecto.

Resultado:

```
DataFrame 1:
   A  B
0  1  A
1  2  B
2  3  C

DataFrame 2:
   A  B
0  4  D
1  5  E
2  6  F

Resultado de la concatenación:
   A  B
0  1  A
1  2  B
2  3  C
0  4  D
1  5  E
2  6  F
```

Ejercicio 31. Concatenación Horizontal

Creemos dos DataFrames adicionales y luego los concatenaremos horizontalmente.

```
import pandas as pd

# Crear dos DataFrames de ejemplo
data3 = {
 'C': [7, 8, 9],
 'D': ['G', 'H', 'I']
}
data4 = {
 'C': [10, 11, 12],
 'D': ['J', 'K', 'L']
}

df3 = pd.DataFrame(data3)
df4 = pd.DataFrame(data4)

print("DataFrame 3:")
print(df3)

print("\nDataFrame 4:")
print(df4)
```

Ahora, concatenemos ambos DataFrames horizontalmente:

```
# Concatenar horizontalmente (por columnas)
result_horizontal = pd.concat([df3, df4], axis=1)

print("\nResultado de la concatenación horizontal:")
print(result_horizontal)
```

Esto combinará los dos DataFrames uno al lado del otro, manteniendo las filas. La concatenación horizontal se realiza a lo largo del eje 1 (columnas) por defecto.

Resultado:

```
DataFrame 3:
   C  D
0  7  G
1  8  H
2  9  I

DataFrame 4:
    C  D
0  10  J
1  11  K
2  12  L

Resultado de la concatenación horizontal:
   C  D   C  D
0  7  G  10  J
1  8  H  11  K
2  9  I  12  L
```

Ejercicio 32. Concatenación de clave específica.

Creemos dos DataFrames y luego los concatenaremos utilizando una clave específica como referencia para la concatenación.

```
import pandas as pd

# Crear dos DataFrames de ejemplo
data5 = {
 'A': [1, 2, 3],
 'B': ['X', 'Y', 'Z']
}
data6 = {
 'C': ['M', 'N', 'O'],
 'D': [4, 5, 6]
}

df5 = pd.DataFrame(data5)
df6 = pd.DataFrame(data6)

print("DataFrame 5:")
print(df5)

print("\nDataFrame 6:")
print(df6)
```

Ahora, concatenemos ambos DataFrames utilizando una clave como referencia:

```
# Concatenar utilizando una clave como referencia
result_key = pd.concat([df5, df6], keys=['Grupo1', 'Grupo2'])

print("\nResultado de la concatenación con clave:")
print(result_key)
```

Esto concatenará los DataFrames asignándoles claves específicas (`Grupo1` y `Grupo2` en este caso) para identificar la procedencia de cada conjunto de datos después de la concatenación.

Resultado:

```
DataFrame 5:
   A  B
0  1  X
1  2  Y
2  3  Z

DataFrame 6:
   C  D
0  M  4
1  N  5
2  O  6

Resultado de la concatenación con clave:
            A    B    C    D
Grupo1 0  1.0    X  NaN  NaN
       1  2.0    Y  NaN  NaN
       2  3.0    Z  NaN  NaN
Grupo2 0  NaN  NaN    M  4.0
       1  NaN  NaN    N  5.0
       2  NaN  NaN    O  6.0
```

Ejercicio 33. Concatenación con Índices

Creemos dos DataFrames adicionales y luego concatenémoslos utilizando índices para la concatenación.

```
import pandas as pd

# Crear dos DataFrames de ejemplo
data7 = {
 'A': [1, 2, 3],
 'B': ['P', 'Q', 'R']
}
data8 = {
 'A': [4, 5, 6],
 'B': ['S', 'T', 'U']
}

# Establecer índices para los DataFrames
df7 = pd.DataFrame(data7, index=[1, 2, 3])
df8 = pd.DataFrame(data8, index=[4, 5, 6])

print("DataFrame 7:")
print(df7)

print("\nDataFrame 8:")
print(df8)
```

Ahora, concatenemos ambos DataFrames utilizando sus índices:

```
# Concatenar utilizando los índices
result_index = pd.concat([df7, df8])

print("\nResultado de la concatenación por índices:")
print(result_index)
```

Esto concatenará los DataFrames manteniendo los índices originales. Los datos se apilan uno encima del otro, pero conservan sus índices individuales.

Resultado:

```
DataFrame 7:
   A  B
1  1  P
2  2  Q
3  3  R

DataFrame 8:
   A  B
4  4  S
5  5  T
6  6  U

Resultado de la concatenación por índices:
   A  B
1  1  P
2  2  Q
3  3  R
4  4  S
5  5  T
6  6  U
```

Ejercicio 34. Método append

Aquí tienes otro ejemplo de concatenación de DataFrames, esta vez usando el método `append` para agregar un DataFrame al final de otro.

```
import pandas as pd

# Crear un DataFrame inicial
data9 = {
 'A': [1, 2, 3],
 'B': ['X', 'Y', 'Z']
}
df9 = pd.DataFrame(data9)

print("DataFrame 9:")
print(df9)

# Crear un DataFrame para añadir al final
data10 = {
 'A': [4, 5, 6],
 'B': ['P', 'Q', 'R']
}
df10 = pd.DataFrame(data10)

print("\nDataFrame 10:")
print(df10)

# Agregar el DataFrame 10 al final del DataFrame 9 usando append
result_append = df9.append(df10)

print("\nResultado de la concatenación con append:")
print(result_append)
```

En este ejemplo, `append` agrega el DataFrame `df10` al final del DataFrame `df9`. Es una forma sencilla de agregar filas a un DataFrame existente.

Resultado:

```
DataFrame 9:
   A  B
0  1  X
1  2  Y
2  3  Z

DataFrame 10:
   A  B
0  4  P
1  5  Q
2  6  R
```

Ejercicios de Merge y Join

Ejercicio 35. Uso de Función merge.

vamos a trabajar con dos DataFrames que representan información sobre empleados y sus departamentos.

```
import pandas as pd

# Crear un DataFrame de empleados
data_empleados = {
 'ID': [1, 2, 3, 4],
 'Nombre': ['Ana', 'Juan', 'María', 'Pedro'],
 'DepartamentoID': [101, 102, 101, 103]
}
df_empleados = pd.DataFrame(data_empleados)

# Crear un DataFrame de departamentos
data_departamentos = {
 'ID': [101, 102, 103],
 'Departamento': ['Ventas', 'Tecnología', 'RRHH']
}
df_departamentos = pd.DataFrame(data_departamentos)

print("DataFrame de empleados:")
print(df_empleados)

print("\nDataFrame de departamentos:")
print(df_departamentos)
```

Ahora, vamos a combinar estos DataFrames utilizando la columna común 'DepartamentoID' en los empleados y 'ID' en los departamentos usando la función `merge` de Pandas:

```python
# Combinar los DataFrames usando merge
resultado_merge = pd.merge(df_empleados, df_departamentos,
left_on='DepartamentoID', right_on='ID')

print("\nResultado de la combinación usando merge:")
print(resultado_merge)
```

Este código realizará una combinación entre los DataFrames `df_empleados` y `df_departamentos` utilizando las columnas 'DepartamentoID' en `df_empleados` y 'ID' en `df_departamentos`. El resultado mostrará la información de empleados junto con los nombres de sus respectivos departamentos.

Resultado:

```
DataFrame de empleados:
   ID Nombre  DepartamentoID
0   1    Ana             101
1   2   Juan             102
2   3  María             101
3   4  Pedro             103

DataFrame de departamentos:
    ID Departamento
0  101       Ventas
1  102   Tecnología
2  103         RRHH

Resultado de la combinación usando merge:
   ID_x Nombre  DepartamentoID  ID_y Departamento
0     1    Ana             101   101       Ventas
1     3  María             101   101       Ventas
2     2   Juan             102   102   Tecnología
3     4  Pedro             103   103         RRHH
```

Ejercicio 36. Uso del Método merge

aquí tienes otro ejemplo de combinación de DataFrames, esta vez utilizando el método `merge` para unir dos conjuntos de datos basados en columnas comunes.

Supongamos que tenemos información sobre diferentes productos y sus precios, así como también la cantidad vendida de cada producto:

```
import pandas as pd

# Crear un DataFrame de precios de productos
data_precios = {
 'Producto': ['A', 'B', 'C'],
 'Precio': [20, 30, 25]
}
df_precios = pd.DataFrame(data_precios)

# Crear un DataFrame de ventas de productos
data_ventas = {
 'Producto': ['A', 'B', 'C', 'A', 'C'],
 'Cantidad_Vendida': [10, 5, 8, 12, 6]
}
df_ventas = pd.DataFrame(data_ventas)

print("DataFrame de precios:")
print(df_precios)

print("\nDataFrame de ventas:")
print(df_ventas)
```

Ahora, combinemos estos DataFrames utilizando la columna común 'Producto' para obtener información sobre el precio y la cantidad vendida de cada producto:

```
# Combinar los DataFrames usando merge
resultado_merge = pd.merge(df_precios, df_ventas,
on='Producto')

print("\nResultado de la combinación usando merge:")
```

```
print(resultado_merge)
```

Este código realizará una combinación entre los DataFrames `df_precios` y `df_ventas` utilizando la columna 'Producto'. El resultado mostrará la información de precios y la cantidad vendida para cada producto.

Resultado:

```
DataFrame de precios:
   Producto  Precio
0         A      20
1         B      30
2         C      25

DataFrame de ventas:
   Producto  Cantidad_Vendida
0         A                10
1         B                 5
2         C                 8
3         A                12
4         C                 6

Resultado de la combinación usando merge:
   Producto  Precio  Cantidad_Vendida
0         A      20                10
1         A      20                12
2         B      30                 5
3         C      25                 8
4         C      25                 6
```

Ejercicio 37. Combinación de Dataframes.

Vamos a trabajar con dos DataFrames que contienen información sobre estudiantes y sus calificaciones en diferentes materias:

```
import pandas as pd

# Crear un DataFrame de estudiantes
data_estudiantes = {
 'ID_estudiante': [1, 2, 3, 4],
 'Nombre': ['Ana', 'Juan', 'María', 'Pedro']
}
df_estudiantes = pd.DataFrame(data_estudiantes)

# Crear un DataFrame de calificaciones
data_calificaciones = {
 'ID_estudiante': [1, 2, 1, 3, 4],
 'Materia': ['Matemáticas', 'Historia', 'Ciencias', 'Matemáticas', 'Historia'],
 'Calificacion': [85, 70, 90, 75, 80]
}
df_calificaciones = pd.DataFrame(data_calificaciones)

print("DataFrame de estudiantes:")
print(df_estudiantes)

print("\nDataFrame de calificaciones:")
print(df_calificaciones)
```

Ahora, unamos estos DataFrames utilizando la columna común 'ID_estudiante' para obtener información sobre las calificaciones de cada estudiante:

```
# Combinar los DataFrames usando merge
resultado_merge = pd.merge(df_estudiantes, df_calificaciones, on='ID_estudiante')

print("\nResultado de la combinación usando merge:")
print(resultado_merge)
```

Este código realizará una combinación entre los DataFrames `df_estudiantes` y `df_calificaciones` utilizando la columna 'ID_estudiante'. El resultado mostrará la información de estudiantes junto con sus calificaciones en diferentes materias.

Resultado:

```
DataFrame de estudiantes:
   ID_estudiante Nombre
0              1    Ana
1              2   Juan
2              3  María
3              4  Pedro

DataFrame de calificaciones:
   ID_estudiante      Materia  Calificacion
0              1  Matemáticas            85
1              2     Historia            70
2              1     Ciencias            90
3              3  Matemáticas            75
4              4     Historia            80

Resultado de la combinación usando merge:
   ID_estudiante Nombre      Materia  Calificacion
0              1    Ana  Matemáticas            85
1              1    Ana     Ciencias            90
2              2   Juan     Historia            70
3              3  María  Matemáticas            75
4              4  Pedro     Historia            80
```

Ejercicio 38. Método join

El método `join` de Pandas también se puede utilizar para combinar DataFrames basados en índices o columnas comunes. Vamos a utilizar el mismo escenario de estudiantes y sus calificaciones, pero esta vez usaremos el método `join`.

```python
import pandas as pd

# Crear un DataFrame de estudiantes
data_estudiantes = {
  'ID_estudiante': [1, 2, 3, 4],
  'Nombre': ['Ana', 'Juan', 'María', 'Pedro']
}
df_estudiantes = pd.DataFrame(data_estudiantes)
df_estudiantes.set_index('ID_estudiante', inplace=True) # Establecer ID_estudiante como índice

# Crear un DataFrame de calificaciones
data_calificaciones = {
  'ID_estudiante': [1, 2, 1, 3, 4],
  'Materia': ['Matemáticas', 'Historia', 'Ciencias', 'Matemáticas', 'Historia'],
  'Calificacion': [85, 70, 90, 75, 80]
}
df_calificaciones = pd.DataFrame(data_calificaciones)
df_calificaciones.set_index('ID_estudiante', inplace=True) # Establecer ID_estudiante como índice

print("DataFrame de estudiantes:")
print(df_estudiantes)

print("\nDataFrame de calificaciones:")
print(df_calificaciones)
```

Ahora, unamos estos DataFrames utilizando `join` basado en los índices:

```python
# Combinar los DataFrames usando join basado en los índices
resultado_join = df_estudiantes.join(df_calificaciones, 
lsuffix='_estudiantes', rsuffix='_calificaciones')

print("\nResultado de la combinación usando join:")
print(resultado_join)
```

Aquí, `join` une los DataFrames utilizando los índices, y el resultado mostrará la información de estudiantes junto con sus calificaciones en diferentes materias.

Resultado:

```
DataFrame de estudiantes:
              Nombre
ID_estudiante
1                Ana
2               Juan
3              María
4              Pedro

DataFrame de calificaciones:
                  Materia  Calificacion
ID_estudiante
1             Matemáticas            85
2                Historia            70
1                Ciencias            90
3             Matemáticas            75
4                Historia            80

Resultado de la combinación usando join:
              Nombre      Materia  Calificacion
ID_estudiante
1                Ana  Matemáticas            85
1                Ana     Ciencias            90
2               Juan     Historia            70
3              María  Matemáticas            75
4              Pedro     Historia            80
```

Ejercicio 39. Combinación de DataFrames.

Creemos dos DataFrames que contienen información sobre ventas y los gerentes asignados a cada región de ventas.

```
import pandas as pd

# Crear un DataFrame de ventas por región
data_ventas = {
  'Region': ['Norte', 'Sur', 'Este', 'Oeste'],
  'Ventas': [5000, 6000, 5500, 4800]
}
df_ventas = pd.DataFrame(data_ventas)
df_ventas.set_index('Region', inplace=True) # Establecer
'Region' como índice

# Crear un DataFrame de gerentes por región
data_gerentes = {
  'Region': ['Norte', 'Sur', 'Este', 'Oeste'],
  'Gerente': ['Ana', 'Juan', 'María', 'Pedro']
}
df_gerentes = pd.DataFrame(data_gerentes)
df_gerentes.set_index('Region', inplace=True) # Establecer
'Region' como índice

print("DataFrame de ventas por región:")
print(df_ventas)

print("\nDataFrame de gerentes por región:")
print(df_gerentes)
```

Luego, combinemos estos DataFrames utilizando `join` basado en los índices:

```python
# Combinar los DataFrames usando join basado en los índices
resultado_join = df_ventas.join(df_gerentes,
lsuffix='_ventas', rsuffix='_gerentes')

print("\nResultado de la combinación usando join:")
print(resultado_join)
```

En este caso, el método `join` combina los DataFrames `df_ventas` y `df_gerentes` utilizando los índices ('Region'). El resultado mostrará la información de ventas junto con los gerentes asignados a cada región de ventas.

Resultado:

```
DataFrame de ventas por región:
        Ventas
Region
Norte     5000
Sur       6000
Este      5500
Oeste     4800

DataFrame de gerentes por región:
        Gerente
Region
Norte       Ana
Sur        Juan
Este      María
Oeste     Pedro

Resultado de la combinación usando join:
        Ventas  Gerente
Region
Norte     5000      Ana
Sur       6000     Juan
Este      5500    María
Oeste     4800    Pedro
```

Visualización de Datos

Ejercicio 40. Gráfico de Barras

Creemos un ejemplo utilizando datos ficticios de ventas mensuales para diferentes productos y visualicemos estas ventas utilizando un gráfico de barras.

```
import pandas as pd
import matplotlib.pyplot as plt

# Crear un DataFrame con datos de ventas mensuales por producto
data_ventas = {
  'Producto': ['A', 'B', 'C', 'D'],
  'Ene': [3000, 4500, 5000, 3500],
  'Feb': [4000, 4200, 4800, 3800],
  'Mar': [3500, 4800, 5200, 3700]
}
df_ventas = pd.DataFrame(data_ventas)
df_ventas.set_index('Producto', inplace=True) # Establecer 'Producto' como índice

print("DataFrame de ventas mensuales por producto:")
print(df_ventas)

# Crear un gráfico de barras para visualizar las ventas mensuales por producto
ax = df_ventas.plot(kind='bar', figsize=(10, 6))
ax.set_ylabel('Ventas')
ax.set_xlabel('Productos')
ax.set_title('Ventas mensuales por producto')

plt.xticks(rotation=0) # Rotar etiquetas del eje x para mejorar legibilidad

plt.show()
```

Este código crea un DataFrame con datos de ventas mensuales por producto y luego traza un gráfico de barras que muestra las ventas de cada producto en los meses de enero, febrero y marzo. Esta visualización proporciona una comparación visual de las ventas de cada producto a lo largo de los meses.

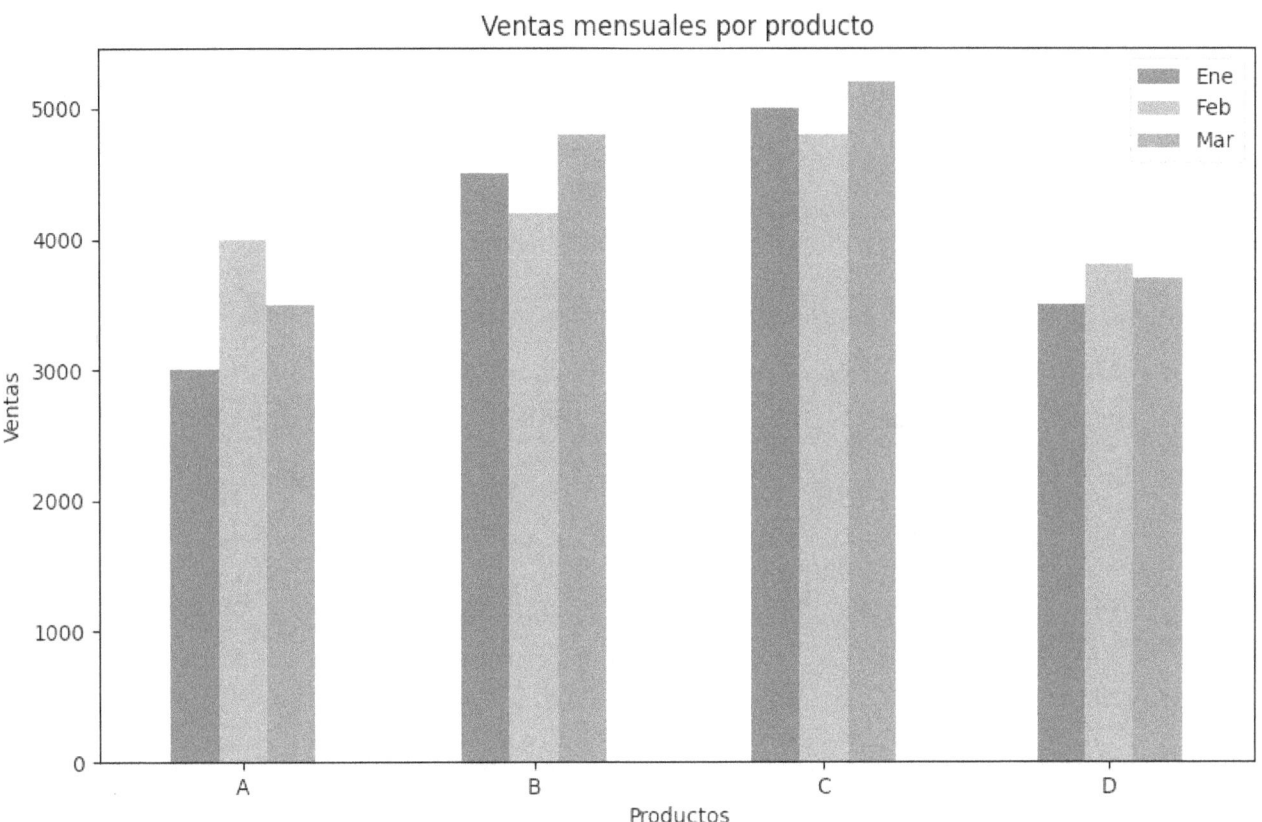

Ejercicio 41. Gráfico de Líneas

Creemos un gráfico de líneas que muestre la evolución temporal de las ventas de diferentes regiones a lo largo de varios meses.

```
import pandas as pd
import matplotlib.pyplot as plt

# Crear un DataFrame con datos de ventas mensuales por región
data_ventas = {
 'Region': ['Norte', 'Sur', 'Este', 'Oeste'],
 'Ene': [5000, 6000, 5500, 4800],
 'Feb': [5200, 5900, 5600, 4900],
 'Mar': [5300, 6100, 5700, 5000]
}
df_ventas = pd.DataFrame(data_ventas)
df_ventas.set_index('Region', inplace=True) # Establecer 'Region' como índice

print("DataFrame de ventas mensuales por región:")
print(df_ventas)

# Crear un gráfico de líneas para mostrar la evolución temporal
de las ventas por región
ax = df_ventas.T.plot(kind='line', figsize=(10, 6))
ax.set_ylabel('Ventas')
ax.set_xlabel('Meses')
ax.set_title('Evolución mensual de las ventas por región')

plt.legend(title='Región', bbox_to_anchor=(1.05, 1), loc='upper left') # Ajustar leyenda fuera del gráfico
plt.xticks(rotation=45) # Rotar etiquetas del eje x para mejorar legibilidad

plt.show()
```

Este código genera un DataFrame con datos de ventas mensuales por región y luego traza un gráfico de líneas que muestra la evolución de las ventas en cada región a lo largo de los meses. Esta visualización permite comparar fácilmente las tendencias de ventas entre las diferentes regiones.

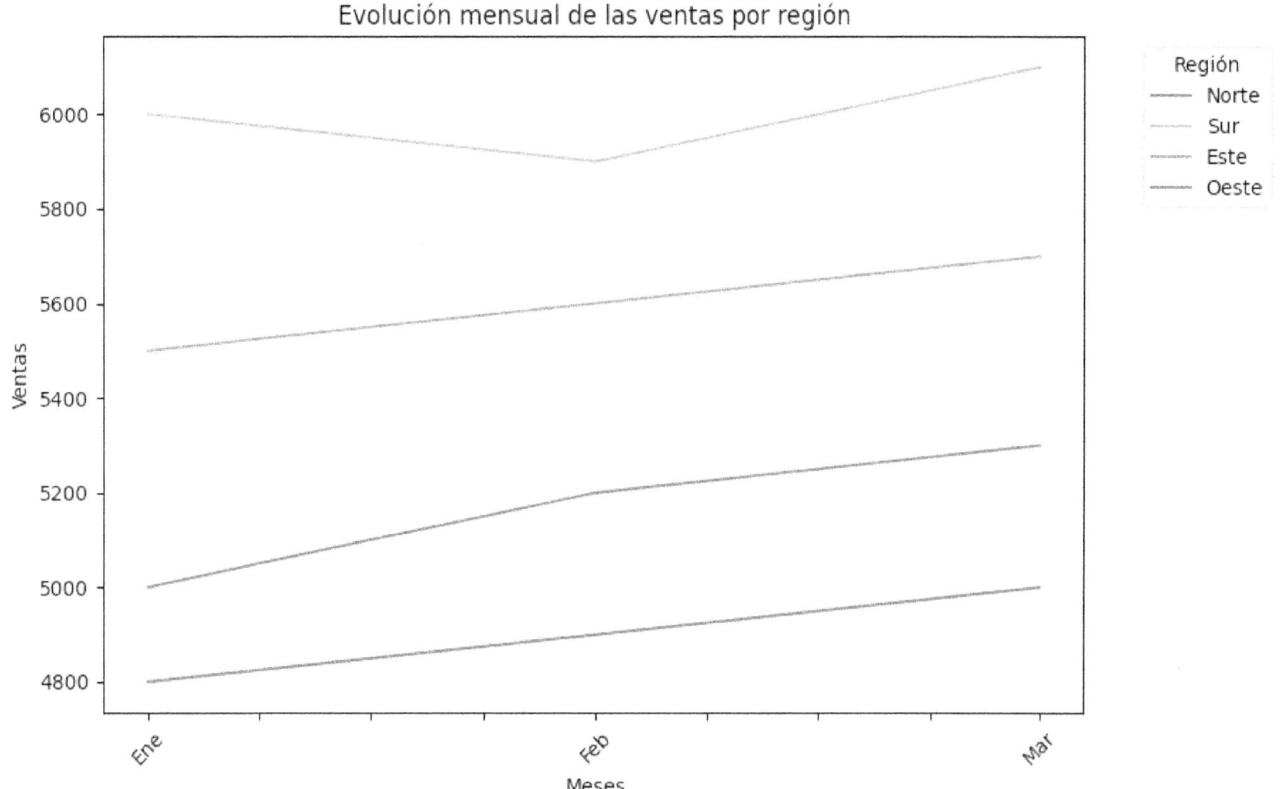

Ejercicio 42. Gráfico de Dispersión.

Esta vez, creemos un gráfico de dispersión que muestre la relación entre la cantidad de horas estudiadas y las calificaciones obtenidas por diferentes estudiantes.

```
import pandas as pd
import matplotlib.pyplot as plt
import numpy as np

# Crear datos aleatorios de horas de estudio y calificaciones
para diferentes estudiantes
np.random.seed(0)
num_estudiantes = 50

horas_estudio = np.random.randint(1, 8, num_estudiantes) * 10
calificaciones = np.random.randint(40, 100, num_estudiantes)

# Crear un DataFrame con los datos
data = {
 'Horas_estudio': horas_estudio,
 'Calificaciones': calificaciones
}
df = pd.DataFrame(data)

print("DataFrame de horas de estudio y calificaciones:")
print(df.head())

# Crear un gráfico de dispersión para mostrar la relación
entre horas de estudio y calificaciones
df.plot(kind='scatter', x='Horas_estudio', y='Calificaciones',
figsize=(8, 6))
plt.title('Relación entre horas de estudio y calificaciones')
plt.xlabel('Horas de estudio')
plt.ylabel('Calificaciones')

plt.grid(True)
plt.show()
```

Este código genera datos aleatorios de horas de estudio y calificaciones para diferentes estudiantes y luego traza un gráfico de dispersión que muestra la relación entre estas dos variables. Esto permite visualizar la posible correlación entre las horas de estudio y las calificaciones obtenidas por los estudiantes.

Resultado:

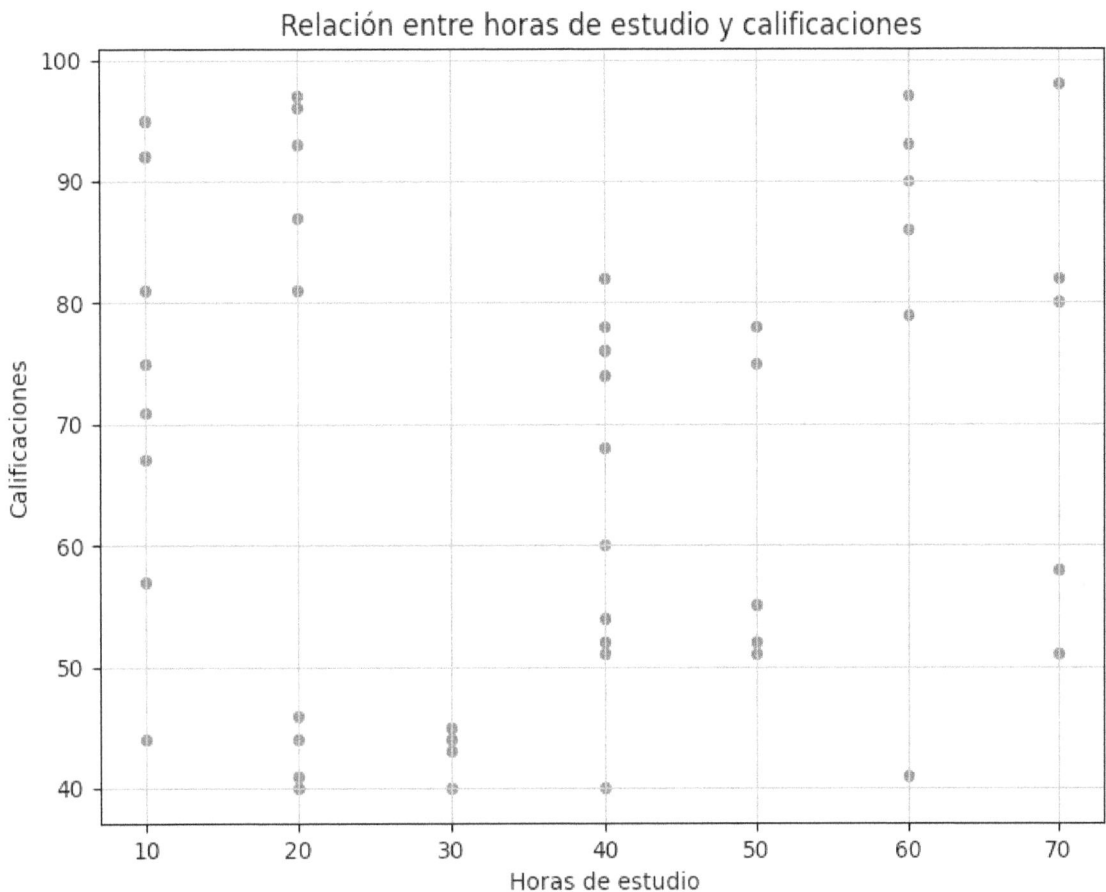

Ejercicio 43. Gráfico de Barras Horizontales.

En este ejemplo crearemos un gráfico de barras horizontales para mostrar la cantidad de productos vendidos en diferentes categorías a lo largo de un período de tiempo.

```
import pandas as pd
import matplotlib.pyplot as plt

# Crear un DataFrame con datos de ventas mensuales por
categoría de productos
data_ventas = {
 'Categoria': ['Electrónicos', 'Ropa', 'Hogar',
'Electrónicos', 'Ropa', 'Hogar'],
 'Ene': [100, 80, 120, 90, 70, 110],
 'Feb': [120, 90, 110, 100, 85, 115],
 'Mar': [110, 85, 115, 95, 75, 120]
}
df_ventas = pd.DataFrame(data_ventas)

# Agrupar por categoría y sumar las ventas mensuales
df_ventas = df_ventas.groupby('Categoria').sum()

print("DataFrame de ventas mensuales por categoría de
productos:")
print(df_ventas)

# Crear un gráfico de barras horizontales para mostrar las
ventas por categoría de productos
ax = df_ventas.plot(kind='barh', figsize=(10, 6))
ax.set_xlabel('Ventas')
ax.set_ylabel('Categoría')
ax.set_title('Ventas mensuales por categoría de productos')

plt.show()
```

Este código crea un DataFrame con datos de ventas mensuales por categoría de productos y luego agrupa y suma las ventas mensuales por categoría. Después, traza un gráfico de barras horizontales que muestra la cantidad total de productos vendidos en cada categoría a lo largo de un período de tiempo.

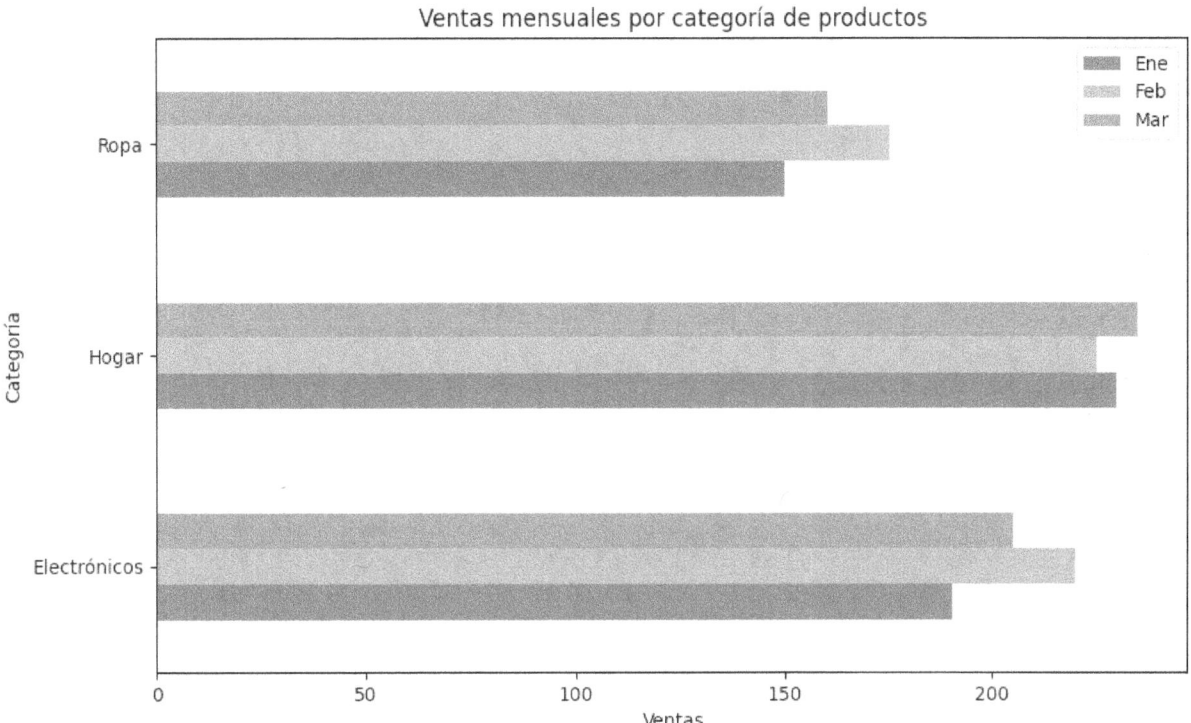

Ejercicio 44. Gráfico de Líneas Apiladas.

Esta vez crearemos un gráfico de líneas apiladas para representar la evolución temporal de la distribución de ventas por producto en diferentes meses.

```python
import pandas as pd
import matplotlib.pyplot as plt

# Crear un DataFrame con datos de ventas mensuales por producto
data_ventas = {
  'Producto': ['A', 'B', 'C'],
  'Ene': [3000, 4500, 5000],
  'Feb': [4000, 4200, 4800],
  'Mar': [3500, 4800, 5200]
}
df_ventas = pd.DataFrame(data_ventas)
df_ventas.set_index('Producto', inplace=True) # Establecer 'Producto' como índice

print("DataFrame de ventas mensuales por producto:")
print(df_ventas)

# Crear un gráfico de líneas apiladas para mostrar la evolución temporal de las ventas por producto
ax = df_ventas.T.plot(kind='line', stacked=True, figsize=(10, 6))
ax.set_ylabel('Ventas')
ax.set_xlabel('Meses')
ax.set_title('Evolución mensual de las ventas por producto')

plt.legend(title='Producto', bbox_to_anchor=(1.05, 1), loc='upper left') # Ajustar leyenda fuera del gráfico
plt.xticks(rotation=45) # Rotar etiquetas del eje x para mejorar legibilidad

plt.show()
```

Este código utiliza un DataFrame con datos de ventas mensuales por producto y crea un gráfico de líneas apiladas que muestra la evolución de las ventas de cada producto a lo largo de varios meses. Esto permite visualizar la contribución de cada producto a las ventas totales en cada mes.

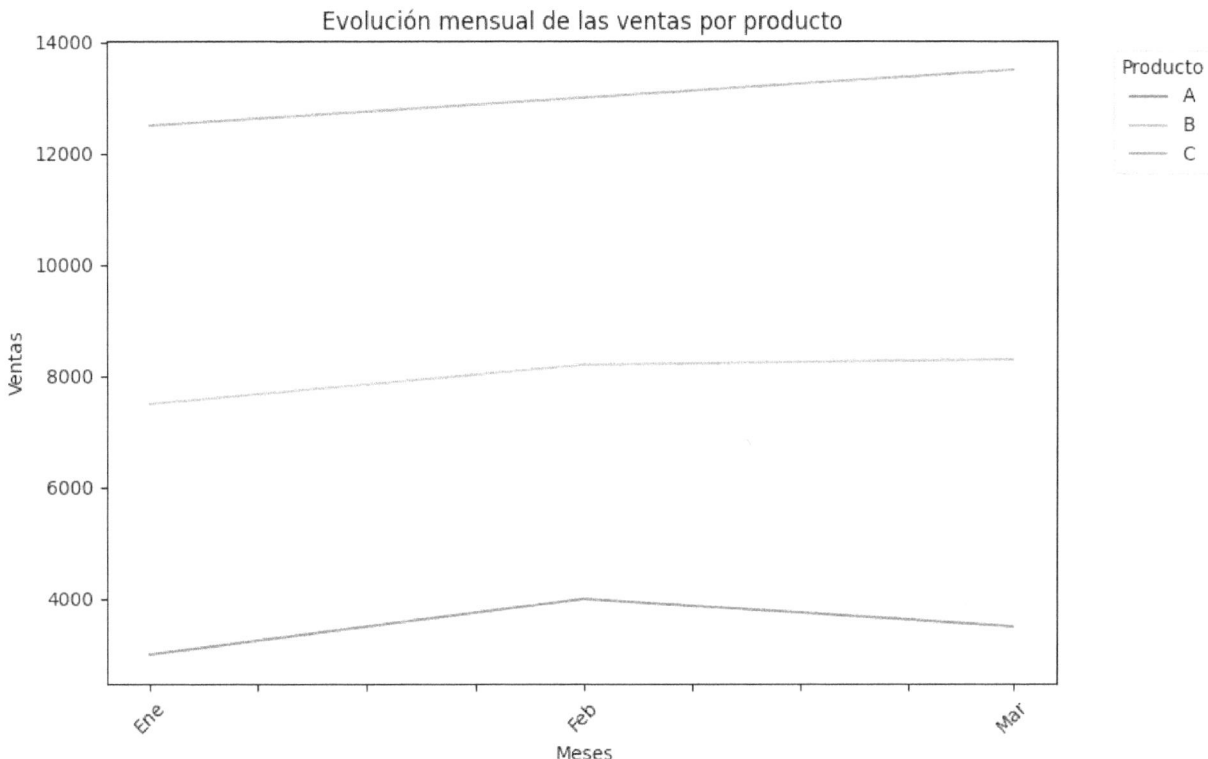

Ejercicio 45. Gráfico de Barras Agrupadas.

Creemos un gráfico de barras agrupadas para comparar las ventas mensuales de diferentes productos en diferentes regiones.

```
import pandas as pd
import matplotlib.pyplot as plt

# Crear un DataFrame con datos de ventas mensuales por
producto y región
data_ventas = {
 'Region': ['Norte', 'Sur', 'Este', 'Oeste'],
 'Producto_A': [3000, 3500, 3200, 2800],
 'Producto_B': [2500, 2800, 3000, 2700],
 'Producto_C': [3200, 3100, 3300, 2900]
}
df_ventas = pd.DataFrame(data_ventas)
df_ventas.set_index('Region', inplace=True) # Establecer
'Region' como índice

print("DataFrame de ventas mensuales por producto y región:")
print(df_ventas)

# Crear un gráfico de barras agrupadas para mostrar las ventas
mensuales por producto y región
ax = df_ventas.plot(kind='bar', figsize=(10, 6))
ax.set_ylabel('Ventas')
ax.set_xlabel('Región')
ax.set_title('Ventas mensuales por producto y región')

plt.legend(title='Producto')
plt.xticks(rotation=0)

plt.show()
```

Este código utiliza un DataFrame con datos de ventas mensuales por producto y región para trazar un gráfico de barras agrupadas. La visualización compara las ventas de diferentes productos en diferentes regiones, lo que facilita la comparación de rendimiento entre productos y regiones específicas.

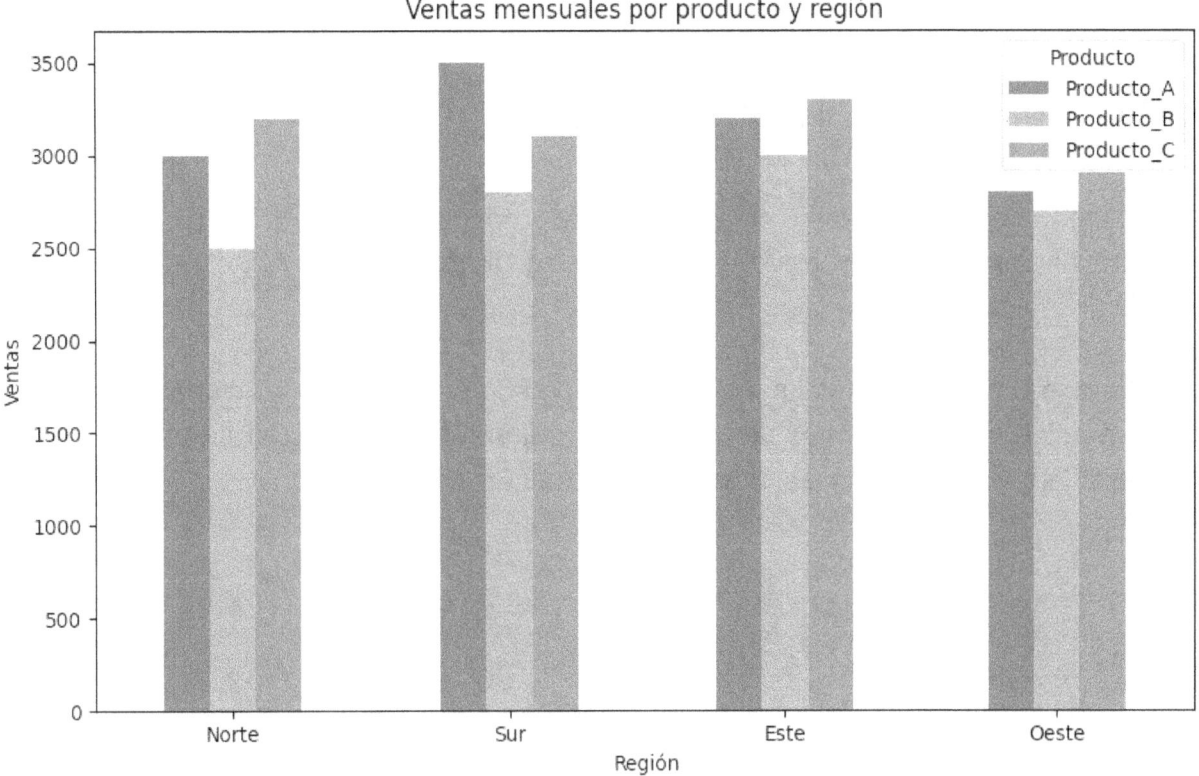

Uso de Datos Reales.

Ejercicio 46. Datos Reales

Trabajemos con datos reales. Imagina que tenemos un conjunto de datos de ventas de una tienda y queremos realizar algunas operaciones para analizar el rendimiento de las ventas.

Supongamos que tenemos un archivo CSV llamado "ventas_tienda.csv" que contiene información sobre las ventas de productos en diferentes fechas. Carguemos este archivo y realicemos algunas operaciones comunes con Pandas.

```python
import pandas as pd

# Cargar el archivo CSV de ventas
file_path = 'ventas_tienda.csv'
df_ventas = pd.read_csv(file_path)

# Mostrar las primeras filas para tener una vista previa de
los datos
print("Vista previa de los datos:")
print(df_ventas.head())

# Obtener información general del DataFrame
print("\nInformación general del DataFrame:")
print(df_ventas.info())

# Calcular la suma total de ventas
total_ventas = df_ventas['Monto'].sum()
print(f"\nTotal de ventas: ${total_ventas}")

# Calcular el promedio de ventas
promedio_ventas = df_ventas['Monto'].mean()
print(f"Promedio de ventas: ${promedio_ventas:.2f}")

# Encontrar el producto más vendido
```

```
producto_mas_vendido = df_ventas['Producto'].mode().values[0]
print(f"\nProducto más vendido: {producto_mas_vendido}")

# Calcular las ventas por mes
df_ventas['Fecha'] = pd.to_datetime(df_ventas['Fecha'])
df_ventas['Mes'] = df_ventas['Fecha'].dt.month
ventas_por_mes = df_ventas.groupby('Mes')['Monto'].sum()
print("\nVentas por mes:")
print(ventas_por_mes)
```

En este ejemplo, hemos cargado un archivo CSV que contiene datos de ventas de una tienda. Luego, realizamos algunas operaciones comunes con Pandas, como obtener información general de los datos, calcular el total y el promedio de ventas, encontrar el producto más vendido y calcular las ventas por mes. Estas operaciones son típicas en el análisis de datos de ventas de una tienda y proporcionan información útil sobre el rendimiento de las ventas.

Ejercicio 47. datos de un archivo Excel

Esta vez, trabajaremos con datos de un archivo Excel que contiene información sobre el inventario de productos de una empresa. Realizaremos operaciones comunes para analizar este inventario utilizando Pandas.

Supongamos que tenemos un archivo Excel llamado "inventario_productos.xlsx" que contiene información sobre el stock de productos en la empresa. Carguemos este archivo y realicemos algunas operaciones:

```
import pandas as pd

# Cargar el archivo Excel de inventario de productos
file_path = 'inventario_productos.xlsx'
df_inventario = pd.read_excel(file_path)

# Mostrar las primeras filas para tener una vista previa de los datos
print("Vista previa del inventario de productos:")
print(df_inventario.head())

# Obtener información general del DataFrame
print("\nInformación general del inventario:")
print(df_inventario.info())

# Calcular la cantidad total de productos en stock
total_productos = df_inventario['Cantidad'].sum()
print(f"\nTotal de productos en stock: {total_productos}")

# Encontrar la categoría de productos más común
categoria_mas_comun = df_inventario['Categoria'].mode().values[0]
print(f"Categoría de productos más común: {categoria_mas_comun}")

# Encontrar los productos con stock mínimo (por ejemplo, menos de 10 unidades)
productos_stock_minimo = df_inventario[df_inventario['Cantidad'] < 10]
print("\nProductos con stock mínimo:")
```

```
print(productos_stock_minimo[['Producto', 'Cantidad']])
```

En este ejemplo, hemos cargado un archivo Excel que contiene información sobre el inventario de productos de una empresa. Luego, realizamos algunas operaciones comunes con Pandas, como obtener información general del inventario, calcular la cantidad total de productos en stock, encontrar la categoría de productos más común y identificar los productos con stock mínimo. Estas operaciones son útiles para realizar un análisis básico del inventario de la empresa.

Ejercicio 48. datos de un Conjunto de Encuestas.

Por supuesto, imaginemos que trabajamos con datos de un conjunto de encuestas de satisfacción de clientes en una empresa de servicios. Vamos a cargar un archivo CSV que contiene esta información y realizar algunas operaciones de análisis con Pandas.

Supongamos que tenemos un archivo CSV llamado "encuestas_clientes.csv" que contiene datos de las encuestas de satisfacción de clientes. Realicemos algunas operaciones comunes con estos datos.

```
import pandas as pd

# Cargar el archivo CSV de encuestas de clientes
file_path = 'encuestas_clientes.csv'
df_encuestas = pd.read_csv(file_path)

# Mostrar las primeras filas para tener una vista previa de
los datos
print("Vista previa de las encuestas de clientes:")
print(df_encuestas.head())

# Obtener información general del DataFrame
print("\nInformación general de las encuestas:")
print(df_encuestas.info())

# Calcular el promedio de satisfacción de los clientes
promedio_satisfaccion = df_encuestas['Satisfaccion'].mean()
print(f"\nPromedio de satisfacción de los clientes:
{promedio_satisfaccion:.2f}")

# Encontrar la cantidad de clientes insatisfechos (con puntaje
menor a 3)
clientes_insatisfechos =
df_encuestas[df_encuestas['Satisfaccion'] < 3]
cant_clientes_insatisfechos = len(clientes_insatisfechos)
print(f"Cantidad de clientes insatisfechos:
{cant_clientes_insatisfechos}")
```

```
# Calcular la distribución de puntajes de satisfacción
distribucion_satisfaccion = 
df_encuestas['Satisfaccion'].value_counts().sort_index()
print("\nDistribución de puntajes de satisfacción:")
print(distribucion_satisfaccion)
```

En este ejemplo, cargamos un archivo CSV que contiene datos de encuestas de satisfacción de clientes. Luego, utilizamos Pandas para realizar algunas operaciones comunes de análisis, como obtener información general de las encuestas, calcular el promedio de satisfacción, encontrar la cantidad de clientes insatisfechos y analizar la distribución de puntajes de satisfacción. Estas operaciones nos ayudan a comprender la satisfacción general de los clientes y los aspectos que podrían requerir mejoras en el servicio.

Ejercicio 49. datos Financieros.

Esta vez trabajaremos con datos financieros de una empresa. Supongamos que tenemos un archivo CSV llamado "datos_financieros.csv" que contiene información sobre ingresos, gastos y beneficios de la empresa. Carguemos este archivo y realicemos algunas operaciones comunes de análisis financiero utilizando Pandas.

```python
import pandas as pd

# Cargar el archivo CSV de datos financieros
file_path = 'datos_financieros.csv'
df_finanzas = pd.read_csv(file_path)

# Mostrar las primeras filas para tener una vista previa de los datos
print("Vista previa de los datos financieros:")
print(df_finanzas.head())

# Obtener información general del DataFrame
print("\nInformación general de los datos financieros:")
print(df_finanzas.info())

# Calcular los ingresos totales, gastos totales y beneficio neto
ingresos_totales = df_finanzas['Ingresos'].sum()
gastos_totales = df_finanzas['Gastos'].sum()
beneficio_neto = ingresos_totales - gastos_totales
print(f"\nIngresos totales: ${ingresos_totales}")
print(f"Gastos totales: ${gastos_totales}")
print(f"Beneficio neto: ${beneficio_neto}")

# Calcular el mes con mayor beneficio y el mes con menor beneficio
mes_max_beneficio = df_finanzas.loc[df_finanzas['Beneficio'] == df_finanzas['Beneficio'].max(), 'Mes'].values[0]
mes_min_beneficio = df_finanzas.loc[df_finanzas['Beneficio'] == df_finanzas['Beneficio'].min(), 'Mes'].values[0]
print(f"\nMes con mayor beneficio: {mes_max_beneficio}")
print(f"Mes con menor beneficio: {mes_min_beneficio}")
```

En este ejemplo, hemos cargado un archivo CSV con datos financieros de una empresa y realizado algunas operaciones comunes de análisis financiero utilizando Pandas. Calculamos los ingresos totales, gastos totales y el beneficio neto, además de identificar el mes con el mayor beneficio y el mes con el menor beneficio. Estas operaciones nos proporcionan información crucial para comprender el rendimiento financiero de la empresa en diferentes períodos.

Ejercicio 50. Análisis de Datos.

Vamos a considerar un conjunto de datos de una tienda en línea que contiene información sobre las transacciones de compra. Vamos a cargar un archivo CSV llamado "transacciones_tienda.csv" y realizar algunas operaciones comunes para analizar estos datos utilizando Pandas.

```
import pandas as pd

# Cargar el archivo CSV de transacciones de la tienda en línea
file_path = 'transacciones_tienda.csv'
df_transacciones = pd.read_csv(file_path)

# Mostrar las primeras filas para tener una vista previa de
los datos
print("Vista previa de las transacciones:")
print(df_transacciones.head())

# Obtener información general del DataFrame
print("\nInformación general de las transacciones:")
print(df_transacciones.info())

# Calcular el total de ingresos
total_ingresos = df_transacciones['Precio'].sum()
print(f"\nTotal de ingresos: ${total_ingresos}")

# Encontrar los productos más vendidos
productos_mas_vendidos =
df_transacciones['Producto'].value_counts().head(3)
print("\nProductos más vendidos:")
print(productos_mas_vendidos)

# Calcular el promedio de precios por categoría de productos
promedio_precios_categoria =
df_transacciones.groupby('Categoria')['Precio'].mean()
print("\nPromedio de precios por categoría de productos:")
print(promedio_precios_categoria)
```

En este ejemplo, cargamos un archivo CSV que contiene datos de transacciones de compra de una tienda en línea. Luego, realizamos algunas operaciones comunes de análisis, como obtener información general de las transacciones, calcular el total de ingresos, identificar los productos más vendidos y calcular el promedio de precios por categoría de productos. Estas operaciones nos ayudan a comprender las tendencias de compra y el rendimiento de diferentes productos en la tienda en línea.

Optimización y Rendimiento.

Ejercicio 51. Optimización de Conjunto de datos.

Trabajar con grandes conjuntos de datos en Pandas puede requerir optimización para mejorar el rendimiento. Aquí hay un ejemplo que ilustra cómo manejar un gran conjunto de datos y optimizar algunas operaciones con Pandas.

Supongamos que tenemos un archivo CSV bastante grande con datos de ventas diarias de una empresa a lo largo de varios años. Queremos cargar este archivo, realizar algunas operaciones de procesamiento y cálculo sobre los datos y optimizar estas operaciones para mejorar el rendimiento.

```
import pandas as pd

# Cargar un archivo CSV grande de ventas diarias
file_path = 'ventas_diarias_grandes.csv'
chunk_size = 100000 # Tamaño del chunk para la lectura del archivo

# Iterar a través de los chunks para calcular el total de ingresos por año
total_ingresos_por_anio = {}
for chunk in pd.read_csv(file_path, chunksize=chunk_size):
 chunk['Fecha'] = pd.to_datetime(chunk['Fecha'])
 chunk['Anio'] = chunk['Fecha'].dt.year
 chunk['Ingresos'] = chunk['Cantidad'] * chunk['Precio'] # Calcular ingresos por transacción
 chunk = chunk[['Anio', 'Ingresos']] # Seleccionar columnas relevantes
 chunk_agrupado = chunk.groupby('Anio')['Ingresos'].sum()
 for year, income in chunk_agrupado.items():
  total_ingresos_por_anio[year] = total_ingresos_por_anio.get(year, 0) + income
```

```
# Mostrar los totales de ingresos por año
print("Total de ingresos por año:")
print(total_ingresos_por_anio)
```

En este ejemplo, utilizamos la lectura por chunks (`chunksize`) al cargar el archivo CSV grande para manejar eficientemente grandes conjuntos de datos en Pandas. Luego, iteramos a través de estos chunks para calcular el total de ingresos por año. También seleccionamos solo las columnas relevantes para minimizar la memoria utilizada y optimizar el rendimiento de las operaciones.

Esta es una estrategia común para trabajar con grandes conjuntos de datos en Pandas, dividiendo el procesamiento en chunks más pequeños para optimizar la memoria y mejorar el rendimiento.

Ejercicio 52: Procesar archivo de manera eficiente

Aquí hay otro ejemplo que muestra cómo procesar un archivo grande de manera eficiente utilizando Pandas.

Supongamos que tenemos un archivo CSV de datos de empleados con una gran cantidad de registros y queremos cargarlo, filtrar algunos datos y realizar un cálculo complejo sobre estos datos de manera eficiente.

```
import pandas as pd

# Cargar un archivo CSV grande de datos de empleados
file_path = 'datos_empleados_grandes.csv'
chunk_size = 100000 # Tamaño del chunk para la lectura del archivo

# Calcular el promedio de edad por departamento solo para
empleados permanentes con salario mayor a $50,000
edad_departamento = {}
for chunk in pd.read_csv(file_path, chunksize=chunk_size):
 chunk = chunk[(chunk['Tipo'] == 'Permanente') &
(chunk['Salario'] > 50000)]
 chunk['Edad'] = pd.to_datetime('today').year -
pd.to_datetime(chunk['FechaNacimiento']).dt.year
 chunk = chunk[['Departamento', 'Edad']]
 chunk_promedio = chunk.groupby('Departamento')['Edad'].mean()
 for depto, edad_promedio in chunk_promedio.items():
  if not pd.isnull(edad_promedio): # Ignorar departamentos sin
empleados que cumplan las condiciones
   edad_departamento[depto] = edad_departamento.get(depto, 0) +
edad_promedio

# Mostrar el promedio de edad por departamento
print("Promedio de edad por departamento para empleados
permanentes con salario > $50,000:")
print(edad_departamento)
```

En este ejemplo, nuevamente utilizamos la lectura por chunks (`chunksize`) al cargar el archivo CSV grande para optimizar el manejo de la memoria. Luego, filtramos los datos relevantes, calculamos la edad de los empleados y el promedio de edad por departamento, considerando solo a empleados permanentes con salarios superiores a $50,000.

Este enfoque permite realizar cálculos complejos en grandes conjuntos de datos de manera más eficiente al procesarlos por partes, evitando la carga completa en la memoria y optimizando el rendimiento de las operaciones.

Ejercicio 53. Optimización de Conjunto de Datos.

Aquí tienes otro ejemplo que implica el manejo eficiente de grandes conjuntos de datos. Imagina que tienes un archivo CSV con registros de transacciones financieras de una empresa a lo largo de varios años. Queremos cargar este archivo, filtrar los datos relevantes y realizar un cálculo para obtener estadísticas mensuales de ingresos y gastos.

```
import pandas as pd

# Cargar un archivo CSV grande de transacciones financieras
file_path = 'transacciones_financieras_grandes.csv'
chunk_size = 100000 # Tamaño del chunk para la lectura del archivo

# Calcular estadísticas mensuales de ingresos y gastos
estadisticas_mensuales = {}
for chunk in pd.read_csv(file_path, chunksize=chunk_size):
 chunk['Fecha'] = pd.to_datetime(chunk['Fecha'])
 chunk['Mes'] = chunk['Fecha'].dt.to_period('M')
 chunk['Ingreso'] = chunk[chunk['Tipo'] == 'Ingreso']['Monto']
 chunk['Gasto'] = chunk[chunk['Tipo'] == 'Gasto']['Monto']
 chunk = chunk.groupby(['Mes']).agg({'Ingreso': 'sum', 'Gasto': 'sum'}).fillna(0)
 for mes, datos in chunk.iterrows():
 if mes not in estadisticas_mensuales:
 estadisticas_mensuales[mes] = {'Ingreso': 0, 'Gasto': 0}
 estadisticas_mensuales[mes]['Ingreso'] += datos['Ingreso']
 estadisticas_mensuales[mes]['Gasto'] += datos['Gasto']

# Mostrar las estadísticas mensuales de ingresos y gastos
print("Estadísticas mensuales de ingresos y gastos:")
for mes, datos in estadisticas_mensuales.items():
 print(f"Mes: {mes} - Ingresos: {datos['Ingreso']}, Gastos: {datos['Gasto']}")
```

En este ejemplo, utilizamos la lectura por chunks (`chunksize`) para cargar y procesar el archivo CSV de transacciones financieras en partes. Luego, transformamos los datos para calcular las estadísticas mensuales de ingresos y gastos, teniendo en cuenta los diferentes tipos de transacciones. Esta estrategia nos permite manejar grandes conjuntos de datos de manera eficiente y calcular estadísticas útiles sobre las transacciones financieras mensuales de la empresa.

Ejercicio 54. Manejo eficiente de Datos.

Aquí hay otro ejemplo que implica el manejo eficiente de datos utilizando Pandas. Supongamos que trabajamos con un archivo CSV grande que contiene registros de temperaturas diarias de múltiples ciudades a lo largo de varios años. Vamos a cargar este archivo, realizar cálculos sobre los datos y optimizar el procesamiento para mejorar el rendimiento.

```
import pandas as pd

# Cargar un archivo CSV grande de registros de temperaturas
file_path = 'temperaturas_grandes.csv'
chunk_size = 100000 # Tamaño del chunk para la lectura del archivo

# Calcular la temperatura promedio mensual por ciudad para los últimos 5 años
temperatura_promedio_mensual = {}
for chunk in pd.read_csv(file_path, chunksize=chunk_size):
 chunk['Fecha'] = pd.to_datetime(chunk['Fecha'])
 chunk['Anio'] = chunk['Fecha'].dt.year
 chunk['Mes'] = chunk['Fecha'].dt.month
 chunk['Ciudad'] = chunk['Ciudad'].str.capitalize()
 chunk = chunk[chunk['Anio'] >= pd.to_datetime('today').year - 5]
 chunk = chunk.groupby(['Ciudad', 'Anio', 'Mes']).agg({'Temperatura': 'mean'})
 for idx, temp in chunk.iterrows():
 ciudad, anio, mes = idx
 if ciudad not in temperatura_promedio_mensual:
 temperatura_promedio_mensual[ciudad] = {}
 if (anio, mes) not in temperatura_promedio_mensual[ciudad]:
 temperatura_promedio_mensual[ciudad][(anio, mes)] = []
 temperatura_promedio_mensual[ciudad][(anio, mes)].append(temp['Temperatura'])

# Calcular la temperatura promedio mensual final por ciudad
for ciudad, datos in temperatura_promedio_mensual.items():
 for mes_anio, temps in datos.items():
```

```
    temperatura_promedio_mensual[ciudad][mes_anio] = sum(temps) / 
len(temps)

# Mostrar la temperatura promedio mensual por ciudad para los 
últimos 5 años
print("Temperatura promedio mensual por ciudad para los 
últimos 5 años:")
for ciudad, datos in temperatura_promedio_mensual.items():
 print(f"{ciudad}:")
 for mes_anio, temp in datos.items():
 print(f" {mes_anio[0]}/{mes_anio[1]} - Temperatura promedio: 
{temp:.2f}°C")
```

En este ejemplo, utilizamos la lectura por chunks (chunksize) al cargar el archivo CSV de registros de temperaturas. Luego, filtramos los datos para considerar únicamente los últimos 5 años y calculamos la temperatura promedio mensual por ciudad. Al utilizar esta estrategia de procesamiento por partes, podemos manejar grandes volúmenes de datos de manera eficiente y calcular estadísticas útiles sobre las temperaturas mensuales de las ciudades.

Manipulación Avanzada de Datos.

Ejercicio 55. Manipulación Avanzada (Trabajo)

Podemos trabajar con la manipulación avanzada de datos. Imaginemos que tenemos un conjunto de datos de una empresa que contiene información sobre empleados, sus salarios y fechas de inicio de trabajo. Queremos encontrar la antigüedad promedio de los empleados por departamento.

```
import pandas as pd

# Supongamos que tenemos un DataFrame con información de
empleados
data = {
 'Nombre': ['Alice', 'Bob', 'Charlie', 'David', 'Emma'],
 'Departamento': ['Ventas', 'TI', 'Ventas', 'TI',
'Marketing'],
 'Salario': [50000, 60000, 55000, 62000, 48000],
 'Fecha_inicio': ['2018-03-15', '2017-06-21', '2019-01-10',
'2016-08-29', '2020-02-12']
}

df_empleados = pd.DataFrame(data)
df_empleados['Fecha_inicio'] =
pd.to_datetime(df_empleados['Fecha_inicio'])

# Calcular la antigüedad promedio de los empleados por
departamento
hoy = pd.to_datetime('today')
df_empleados['Antigüedad'] = (hoy -
df_empleados['Fecha_inicio']).dt.days
antiguedad_promedio =
df_empleados.groupby('Departamento')['Antigüedad'].mean()
```

```
print("Antigüedad promedio de empleados por departamento:")
print(antiguedad_promedio)
```

En este ejemplo, se crea un DataFrame ficticio con información de empleados, incluyendo sus nombres, departamento, salario y fecha de inicio. Se calcula la antigüedad de cada empleado en días a partir de su fecha de inicio y se agrupa por departamento para encontrar la antigüedad promedio de los empleados en cada departamento. Esta manipulación avanzada de datos involucra operaciones con fechas y agrupaciones que proporcionan información útil sobre la empresa y sus empleados.

Resultado:

```
Antigüedad promedio de empleados por departamento:
Departamento
Marketing    1427.0
TI           2541.0
Ventas       1975.5
Name: Antigüedad, dtype: float64
```

Ejercicio 56. Tasa de Crecimiento.

En este caso, trabajemos con un conjunto de datos simulado sobre ventas de una empresa, donde queremos calcular la tasa de crecimiento mensual de las ventas por producto.

Supongamos que tenemos un DataFrame con información mensual de ventas por producto a lo largo de varios años.

```
import pandas as pd

# Supongamos que tenemos un DataFrame con información de ventas mensuales por producto
data = {
 'Producto': ['A', 'B', 'A', 'B', 'A', 'B'],
 'Fecha': ['2022-01-01', '2022-01-01', '2022-02-01', '2022-02-01', '2022-03-01', '2022-03-01'],
 'Ventas': [100, 120, 110, 130, 105, 125]
}

df_ventas = pd.DataFrame(data)
df_ventas['Fecha'] = pd.to_datetime(df_ventas['Fecha'])

# Calcular la tasa de crecimiento mensual de ventas por producto
df_ventas['Mes'] = df_ventas['Fecha'].dt.to_period('M')
df_ventas = df_ventas.sort_values(['Producto', 'Fecha'])
df_ventas['Crecimiento'] = df_ventas.groupby('Producto')['Ventas'].pct_change()

print("Tasa de crecimiento mensual de ventas por producto:")
print(df_ventas)
```

En este ejemplo, calculamos la tasa de crecimiento mensual de ventas por producto. Primero, convertimos la fecha a un formato de mes, luego ordenamos los datos por producto y fecha. Posteriormente, utilizamos el método `pct_change()` de Pandas para calcular la tasa de cambio mensual en las ventas de cada producto en relación con el mes anterior. Esta operación nos proporciona información sobre cómo las ventas de cada producto han variado mes a mes.

Resultado:

Tasa de crecimiento mensual de ventas por producto:

	Producto	Fecha	Ventas	Mes	Crecimiento
0	A	2022-01-01	100	2022-01	NaN
2	A	2022-02-01	110	2022-02	0.100000
4	A	2022-03-01	105	2022-03	-0.045455
1	B	2022-01-01	120	2022-01	NaN
3	B	2022-02-01	130	2022-02	0.083333
5	B	2022-03-01	125	2022-03	-0.038462

Ejercicio 57. Cálculo de Correlación.

Trabajemos con un escenario donde necesitamos realizar una tarea común en análisis de datos: calcular la correlación entre diferentes variables en un conjunto de datos.

Supongamos que tenemos un DataFrame con información sobre el rendimiento de diferentes métricas de ventas y marketing a lo largo del tiempo.

```
import pandas as pd
import numpy as np

# Supongamos que tenemos un DataFrame con métricas de ventas y
marketing
np.random.seed(42)
data = {
 'Fecha': pd.date_range(start='2022-01-01', periods=100),
 'Ventas': np.random.randint(100, 1000, 100),
 'Publicidad': np.random.randint(50, 500, 100),
 'Campañas': np.random.randint(1, 10, 100),
 'Clientes_nuevos': np.random.randint(5, 50, 100)
}

df_metricas = pd.DataFrame(data)

# Calcular la correlación entre las métricas de ventas y
marketing
correlacion = df_metricas[['Ventas', 'Publicidad', 'Campañas',
'Clientes_nuevos']].corr()

print("Correlación entre métricas de ventas y marketing:")
print(correlacion)
```

En este ejemplo, generamos un DataFrame con métricas simuladas de ventas y marketing a lo largo de un período de tiempo. Luego, calculamos la correlación entre estas métricas usando el método `corr()` de Pandas. Esto nos permite comprender cómo están relacionadas estas variables entre sí, si existe alguna relación fuerte o débil entre las métricas de ventas y marketing.

Resultado:

```
Correlación entre métricas de ventas y marketing:
                   Ventas  Publicidad  Campañas  Clientes_nuevos
Ventas           1.000000   -0.008065 -0.045236         0.087767
Publicidad      -0.008065    1.000000  0.043983         0.012057
Campañas        -0.045236    0.043983  1.000000        -0.043156
Clientes_nuevos  0.087767    0.012057 -0.043156         1.000000
```

Ejercicio 58. Análisis de Agrupación de datos.

En este caso realizaremos un análisis de agrupación de datos. Supongamos que tenemos información de ventas de una empresa y queremos calcular la cantidad total de ventas por categoría de producto y mes.

```
import pandas as pd
import numpy as np

# Supongamos que tenemos un DataFrame con datos de ventas por
producto y fecha
np.random.seed(42)
data = {
  'Fecha': pd.date_range(start='2022-01-01', periods=100),
  'Producto': np.random.choice(['A', 'B', 'C'], 100),
  'Cantidad': np.random.randint(10, 100, 100)
}

df_ventas = pd.DataFrame(data)

# Calcular la cantidad total de ventas por categoría de
producto y mes
df_ventas['Mes'] = df_ventas['Fecha'].dt.to_period('M')
ventas_por_categoria_mes = df_ventas.groupby(['Producto',
'Mes'])['Cantidad'].sum()

print("Cantidad total de ventas por categoría de producto y
mes:")
print(ventas_por_categoria_mes)
```

En este ejemplo, creamos un DataFrame simulado con información de ventas por producto y fecha. Luego, agregamos los datos por mes y categoría de producto utilizando `groupby()` en Pandas. Esto nos permite calcular la cantidad total de ventas para cada categoría de producto en cada mes, lo que proporciona una visión detallada del rendimiento de ventas en diferentes categorías a lo largo del tiempo.

Resultado:

```
Cantidad total de ventas por categoría de producto y mes:
Producto  Mes
A         2022-01     622
          2022-02     471
          2022-03     347
          2022-04     428
B         2022-01     408
          2022-02     444
          2022-03    1037
C         2022-01     533
          2022-02     543
          2022-03     398
          2022-04      86
Name: Cantidad, dtype: int32
```

Manipulación de Datos.

Ejercicio 59. Manipulación de Datos, Gráfico y Concatenación.

Podemos trabajar en un ejercicio que integre múltiples puntos como manipulación de datos, graficación y concatenación de DataFrames. Supongamos que tenemos dos conjuntos de datos: uno contiene información de ventas mensuales por producto y el otro contiene información de gastos mensuales por departamento. Vamos a realizar algunas operaciones sobre estos datos, calcular métricas y graficar resultados.

```python
import pandas as pd
import numpy as np
import matplotlib.pyplot as plt

# Datos de ventas mensuales por producto
data_ventas = {
 'Mes': pd.date_range(start='2022-01-01', periods=12, freq='M'),
 'Producto_A': np.random.randint(1000, 5000, 12),
 'Producto_B': np.random.randint(800, 3000, 12)
}

df_ventas = pd.DataFrame(data_ventas)

# Datos de gastos mensuales por departamento
data_gastos = {
 'Mes': pd.date_range(start='2022-01-01', periods=12, freq='M'),
 'Ventas': np.random.randint(300, 1000, 12),
 'Marketing': np.random.randint(200, 800, 12),
 'TI': np.random.randint(150, 600, 12)
}

df_gastos = pd.DataFrame(data_gastos)
```

```python
# Calcular la rentabilidad mensual (ventas - gastos) por
producto y departamento
df_rentabilidad = df_ventas.copy()
df_rentabilidad[['Gastos_Ventas', 'Gastos_Marketing',
'Gastos_TI']] = df_gastos[['Ventas', 'Marketing', 'TI']]
df_rentabilidad['Rentabilidad_A'] =
df_rentabilidad['Producto_A'] -
df_rentabilidad['Gastos_Ventas']
df_rentabilidad['Rentabilidad_B'] =
df_rentabilidad['Producto_B'] -
(df_rentabilidad['Gastos_Marketing'] +
df_rentabilidad['Gastos_TI'])

# Graficar la rentabilidad mensual de los productos A y B
plt.figure(figsize=(10, 6))
plt.plot(df_rentabilidad['Mes'],
df_rentabilidad['Rentabilidad_A'], label='Producto A')
plt.plot(df_rentabilidad['Mes'],
df_rentabilidad['Rentabilidad_B'], label='Producto B')
plt.title('Rentabilidad Mensual de Productos A y B')
plt.xlabel('Mes')
plt.ylabel('Rentabilidad')
plt.legend()
plt.grid(True)
plt.show()

# Concatenar los DataFrames de ventas y gastos por mes
df_concatenado = pd.concat([df_ventas,
df_gastos.drop(columns='Mes')], axis=1)
print("DataFrame Concatenado:")
print(df_concatenado)
```

En este ejercicio, generamos datos simulados de ventas mensuales por producto y gastos mensuales por departamento. Luego, calculamos la rentabilidad mensual para los productos A y B en función de los gastos. Graficamos la rentabilidad mensual de ambos productos y finalmente concatenamos los DataFrames de ventas y gastos por mes para tener una visión general de los datos.

Resultado:

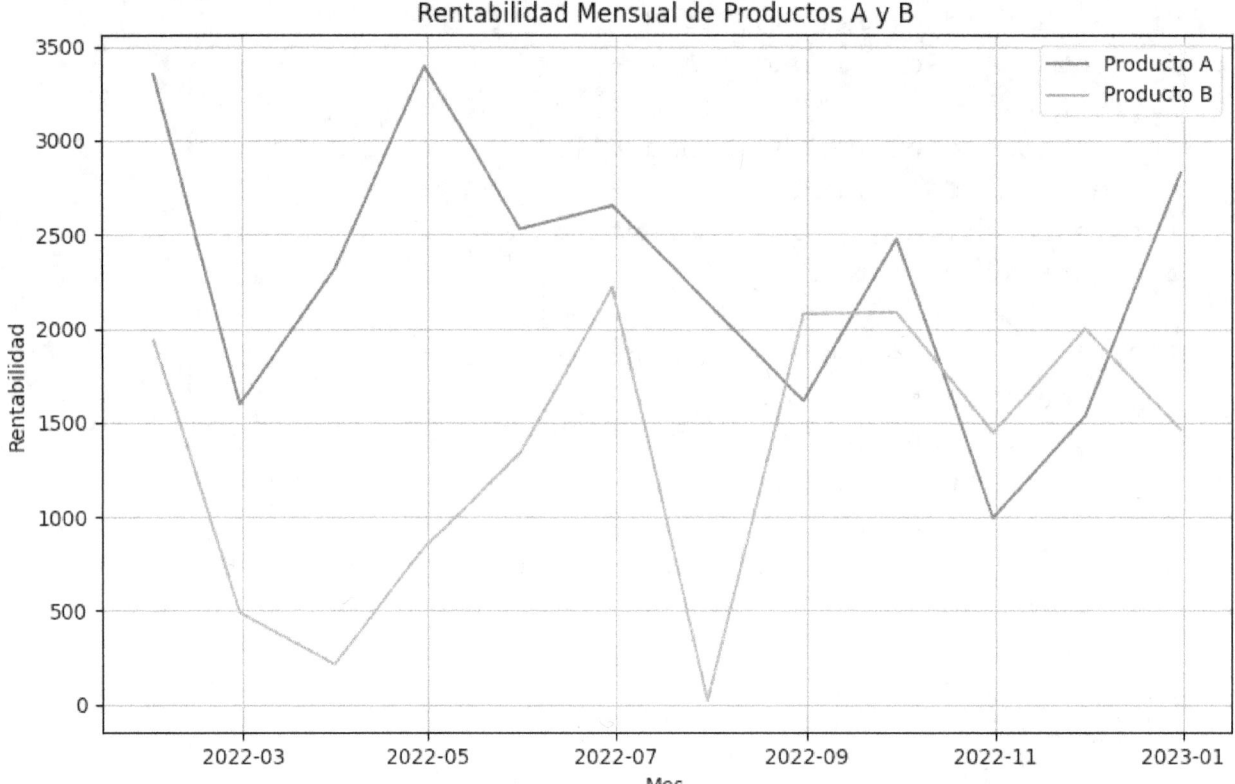

Ejercicio 60. Manipulación de Datos, Gráficos y Agregación.

Esta vez, trabajemos con un escenario que involucre la manipulación de datos, la creación de gráficos y la agregación de información. Supongamos que tenemos datos de ventas trimestrales de diferentes sucursales y queremos analizar las ventas totales por sucursal, así como visualizar esta información en un gráfico.

```python
import pandas as pd
import numpy as np
import matplotlib.pyplot as plt

# Datos de ventas trimestrales por sucursal
data_ventas = {
 'Sucursal': ['A', 'B', 'C', 'A', 'B', 'C'],
 'Trimestre': ['2022Q1', '2022Q1', '2022Q1', '2022Q2', '2022Q2', '2022Q2'],
 'Ventas': np.random.randint(100000, 500000, 6)
}

df_ventas = pd.DataFrame(data_ventas)

# Calcular las ventas totales por sucursal
ventas_totales = df_ventas.groupby('Sucursal')['Ventas'].sum()

# Graficar las ventas totales por sucursal
plt.figure(figsize=(8, 5))
ventas_totales.plot(kind='bar', color='skyblue')
plt.title('Ventas Totales por Sucursal')
plt.xlabel('Sucursal')
plt.ylabel('Ventas Totales')
plt.xticks(rotation=0)
plt.grid(axis='y')
plt.show()

# Crear un resumen de ventas por trimestre y sucursal
resumen_ventas = df_ventas.pivot_table(index='Trimestre', columns='Sucursal', values='Ventas', aggfunc='sum')
print("Resumen de Ventas por Trimestre y Sucursal:")
print(resumen_ventas)
```

En este ejercicio, creamos un DataFrame simulado con datos de ventas trimestrales por sucursal. Luego, calculamos las ventas totales por sucursal y creamos un gráfico de barras que muestra las ventas totales de cada sucursal. Además, creamos un resumen de ventas por trimestre y sucursal usando `pivot_table()` para tener una visión general de las ventas por trimestre y sucursal.

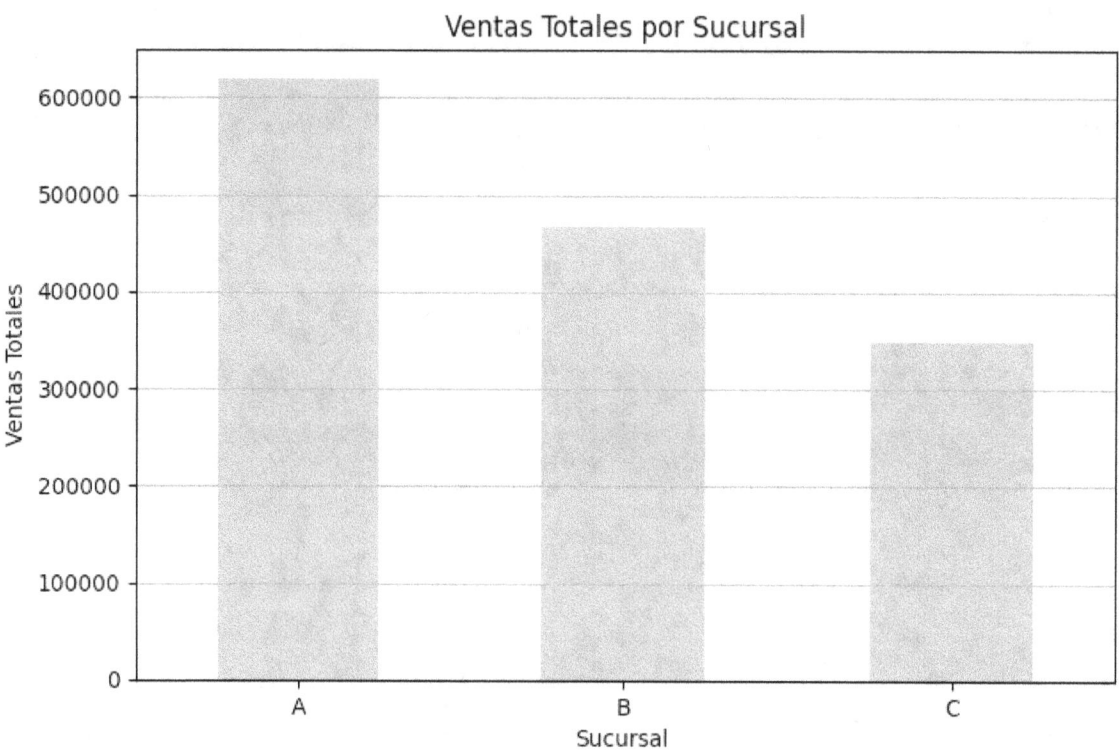

Ejercicio 61. Filtrado de Datos (Estadísticos)

Ahora, exploremos un escenario que incluya filtrado de datos, cálculos estadísticos y visualización. Supongamos que tenemos datos de ventas mensuales por región y queremos analizar la evolución de las ventas trimestrales para una región específica.

```
import pandas as pd
import numpy as np
import matplotlib.pyplot as plt

# Datos de ventas mensuales por región
np.random.seed(42)
data_ventas = {
 'Fecha': pd.date_range(start='2022-01-01', periods=24, freq='M'),
 'Region_A': np.random.randint(100000, 500000, 24),
 'Region_B': np.random.randint(80000, 300000, 24),
 'Region_C': np.random.randint(120000, 400000, 24)
}

df_ventas = pd.DataFrame(data_ventas)

# Filtrar los datos para una región específica y calcular 
ventas trimestrales
region_seleccionada = 'Region_B'
ventas_region_seleccionada = df_ventas[['Fecha', 
region_seleccionada]].copy()
ventas_region_seleccionada.set_index('Fecha', inplace=True)
ventas_trimestrales = 
ventas_region_seleccionada.resample('Q').sum()

# Graficar la evolución de ventas trimestrales para la región 
seleccionada
plt.figure(figsize=(10, 6))
plt.plot(ventas_trimestrales.index, 
ventas_trimestrales[region_seleccionada], marker='o', 
linestyle='-')
plt.title(f'Evolución de Ventas Trimestrales en 
{region_seleccionada}')
```

```
plt.xlabel('Trimestre')
plt.ylabel('Ventas')
plt.grid(True)
plt.show()

print(f"Ventas Trimestrales en {region_seleccionada}:")
print(ventas_trimestrales)
```

En este ejemplo, creamos un DataFrame simulado con datos de ventas mensuales por región. Luego, seleccionamos una región específica y calculamos las ventas trimestrales para esa región. Graficamos la evolución de las ventas trimestrales a lo largo del tiempo para la región seleccionada y mostramos las ventas trimestrales en esa región. Esto nos permite analizar cómo han variado las ventas trimestrales en la región específica a lo largo del tiempo.

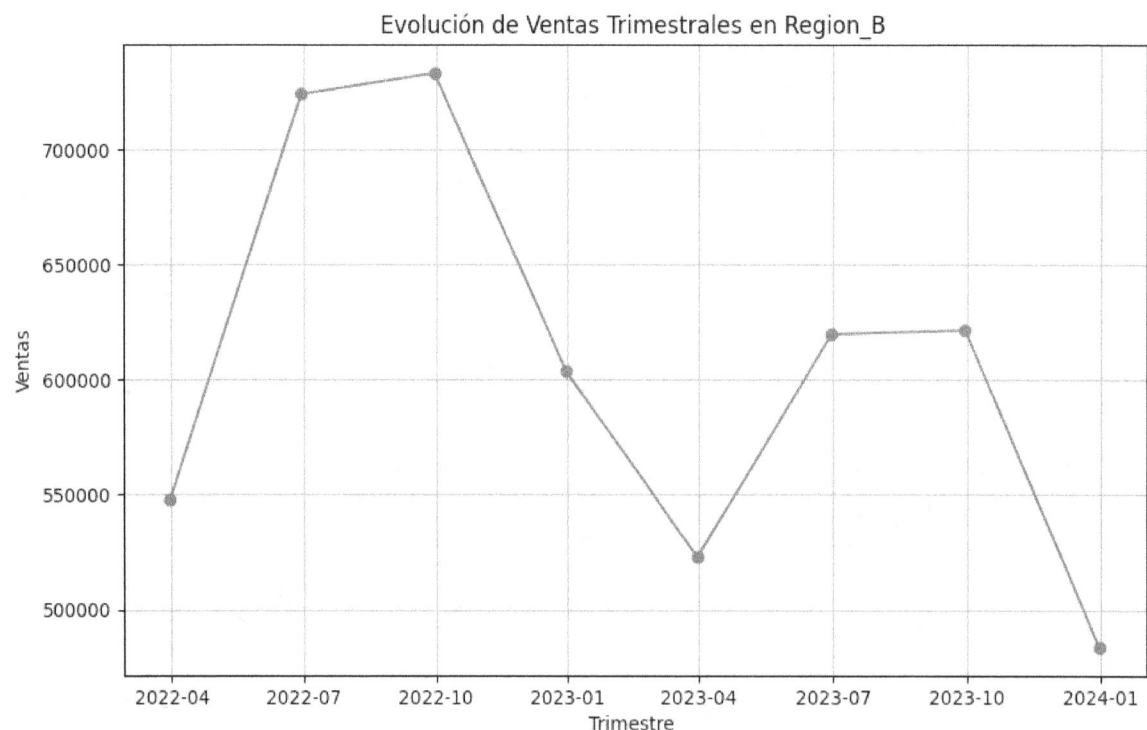

Ejercicio 62. Limpieza de Datos y Visualización.

Esta vez, trabajemos con un escenario que incluya limpieza de datos, manipulación de información y generación de visualizaciones. Supongamos que tenemos datos de ventas mensuales por producto y queremos comparar la evolución de ventas entre dos productos a lo largo de un año, además de identificar el mes con mayores ventas para cada producto.

```
import pandas as pd
import numpy as np
import matplotlib.pyplot as plt

# Datos de ventas mensuales por producto
np.random.seed(42)
data_ventas = {
 'Mes': pd.date_range(start='2022-01-01', periods=12, freq='M'),
 'Producto_A': np.random.randint(1000, 5000, 12),
 'Producto_B': np.random.randint(800, 3000, 12)
}

df_ventas = pd.DataFrame(data_ventas)

# Limpieza de datos para reemplazar valores atípicos
df_ventas[df_ventas < 0] = np.nan
df_ventas.fillna(method='ffill', inplace=True)

# Identificar el mes con mayores ventas para cada producto
mes_max_ventas_A = df_ventas.loc[df_ventas['Producto_A'].idxmax(), 'Mes']
mes_max_ventas_B = df_ventas.loc[df_ventas['Producto_B'].idxmax(), 'Mes']

# Graficar la evolución de ventas mensuales para Producto A y Producto B
plt.figure(figsize=(10, 6))
```

```python
plt.plot(df_ventas['Mes'], df_ventas['Producto_A'],
label='Producto A')
plt.plot(df_ventas['Mes'], df_ventas['Producto_B'],
label='Producto B')
plt.scatter(mes_max_ventas_A, df_ventas['Producto_A'].max(),
color='red', label=f'Max A
({mes_max_ventas_A.strftime("%b")})')
plt.scatter(mes_max_ventas_B, df_ventas['Producto_B'].max(),
color='green', label=f'Max B
({mes_max_ventas_B.strftime("%b")})')
plt.title('Evolución de Ventas Mensuales por Producto')
plt.xlabel('Mes')
plt.ylabel('Ventas')
plt.legend()
plt.grid(True)
plt.show()

print(f"Mes con mayores ventas para Producto A:
{mes_max_ventas_A.strftime('%B')}")
print(f"Mes con mayores ventas para Producto B:
{mes_max_ventas_B.strftime('%B')}")
```

En este ejercicio, generamos un DataFrame simulado con datos de ventas mensuales por producto. Luego, realizamos una limpieza de datos para reemplazar valores atípicos y encontrar el mes con mayores ventas para cada producto. Finalmente, creamos un gráfico que muestra la evolución de las ventas mensuales de los productos A y B a lo largo de un año, resaltando los meses con las ventas más altas para cada producto. Esto nos permite visualizar la comparación entre las ventas de ambos productos y identificar los meses más exitosos en términos de ventas para cada uno.

Ejercicio 63. Cálculos estadísticos.

Aquí tienes otro escenario que incluye manipulación de datos, cálculos estadísticos y visualización de resultados. Supongamos que tenemos datos de ventas mensuales por categoría de productos y queremos analizar la tendencia de ventas de un producto específico a lo largo de los meses, además de calcular la media móvil de 3 meses para suavizar la serie temporal.

```python
import pandas as pd
import numpy as np
import matplotlib.pyplot as plt

# Datos de ventas mensuales por categoría de productos
np.random.seed(42)
data_ventas = {
 'Mes': pd.date_range(start='2022-01-01', periods=24, freq='M'),
 'Electrónicos': np.random.randint(10000, 50000, 24),
 'Ropa': np.random.randint(5000, 30000, 24),
 'Hogar': np.random.randint(8000, 35000, 24)
}

df_ventas = pd.DataFrame(data_ventas)

# Seleccionar un producto específico para analizar (por ejemplo, 'Electrónicos')
producto_seleccionado = 'Electrónicos'

# Calcular la media móvil de 3 meses para suavizar la serie temporal
df_ventas['Media_Movil'] = df_ventas[producto_seleccionado].rolling(window=3).mean()

# Graficar la tendencia de ventas mensuales y la media móvil de 3 meses del producto seleccionado
plt.figure(figsize=(10, 6))
```

```
plt.plot(df_ventas['Mes'], df_ventas[producto_seleccionado],
label='Ventas Mensuales')
plt.plot(df_ventas['Mes'], df_ventas['Media_Movil'],
label='Media Móvil (3 meses)', linestyle='--')
plt.title(f'Tendencia de Ventas de {producto_seleccionado} a
lo largo de los Meses')
plt.xlabel('Mes')
plt.ylabel('Ventas')
plt.legend()
plt.grid(True)
plt.show()

# Calcular estadísticas de ventas para el producto
seleccionado
estadisticas_ventas =
df_ventas[producto_seleccionado].describe()

print(f"Estadísticas de Ventas para {producto_seleccionado}:")
print(estadisticas_ventas)
```

En este ejemplo, generamos un DataFrame simulado con datos de ventas mensuales por categoría de productos. Seleccionamos un producto específico ('Electrónicos') para analizar su tendencia de ventas a lo largo de los meses. Calculamos la media móvil de 3 meses para suavizar la serie temporal y graficamos tanto las ventas mensuales como la media móvil. También mostramos las estadísticas descriptivas de ventas para el producto seleccionado, incluyendo información como la media, la desviación estándar y otros valores relevantes. Esto nos permite visualizar la tendencia de ventas y obtener información estadística sobre el producto seleccionado.

Resultado:

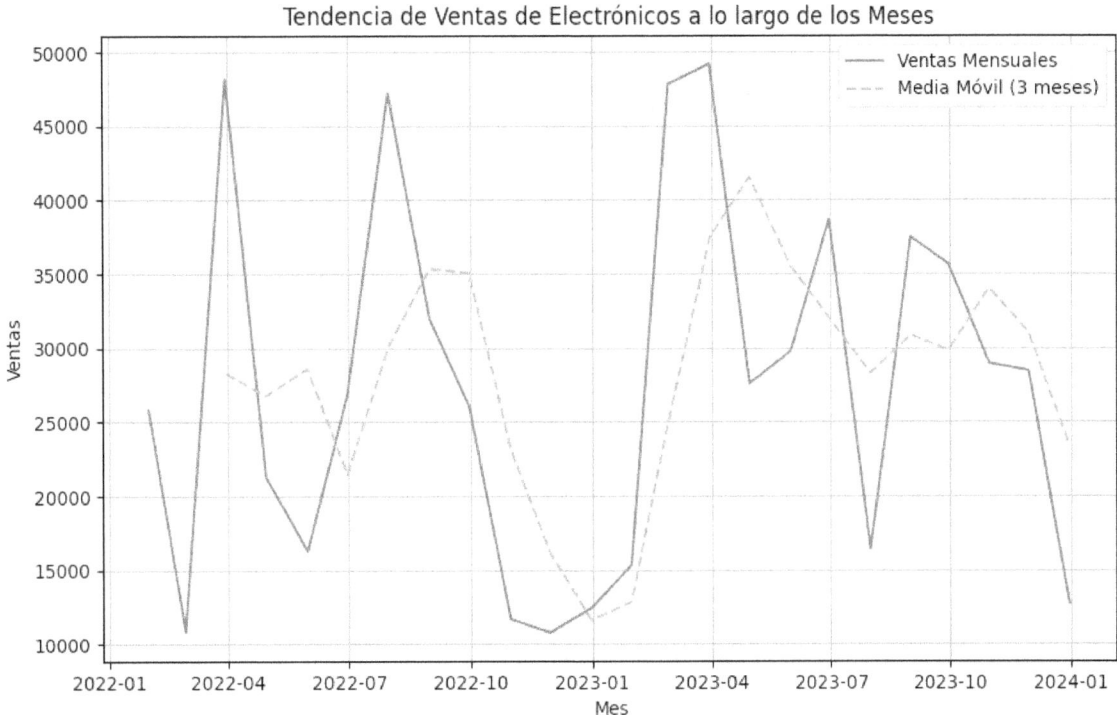

Ejercicio 64. Manipulación de Datos.

Aquí tienes otro escenario que involucra la manipulación de datos, el cálculo de estadísticas y la visualización. Supongamos que tenemos datos de ventas mensuales por producto y queremos comparar la evolución de las ventas entre dos productos, además de analizar la variación porcentual entre ellos en cada mes.

```
import pandas as pd
import numpy as np
import matplotlib.pyplot as plt

# Datos de ventas mensuales por producto
np.random.seed(42)
data_ventas = {
 'Mes': pd.date_range(start='2022-01-01', periods=24, freq='M'),
 'Producto_A': np.random.randint(1000, 5000, 24),
 'Producto_B': np.random.randint(800, 3000, 24)
}

df_ventas = pd.DataFrame(data_ventas)

# Calcular la variación porcentual mensual entre Producto A y Producto B
df_ventas['Variacion_Porcentual'] = ((df_ventas['Producto_B'] - df_ventas['Producto_A']) / df_ventas['Producto_A']) * 100

# Graficar la evolución de ventas mensuales de Producto A y Producto B
plt.figure(figsize=(10, 6))
plt.plot(df_ventas['Mes'], df_ventas['Producto_A'], label='Producto A')
plt.plot(df_ventas['Mes'], df_ventas['Producto_B'], label='Producto B')
plt.title('Evolución de Ventas Mensuales por Producto')
plt.xlabel('Mes')
plt.ylabel('Ventas')
plt.legend()
```

```
plt.grid(True)
plt.show()

# Mostrar la variación porcentual mensual entre Producto A y
Producto B
print("Variación Porcentual Mensual entre Producto A y
Producto B:")
print(df_ventas[['Mes', 'Variacion_Porcentual']])
```

En este ejemplo, creamos un DataFrame simulado con datos de ventas mensuales por producto. Calculamos la variación porcentual mensual entre las ventas de Producto A y Producto B. Luego, graficamos la evolución de las ventas mensuales para ambos productos y mostramos la variación porcentual entre ellos en cada mes. Esto nos permite comparar visualmente las ventas mensuales de los dos productos y analizar la variación porcentual entre ellos a lo largo del tiempo.

Resultado:

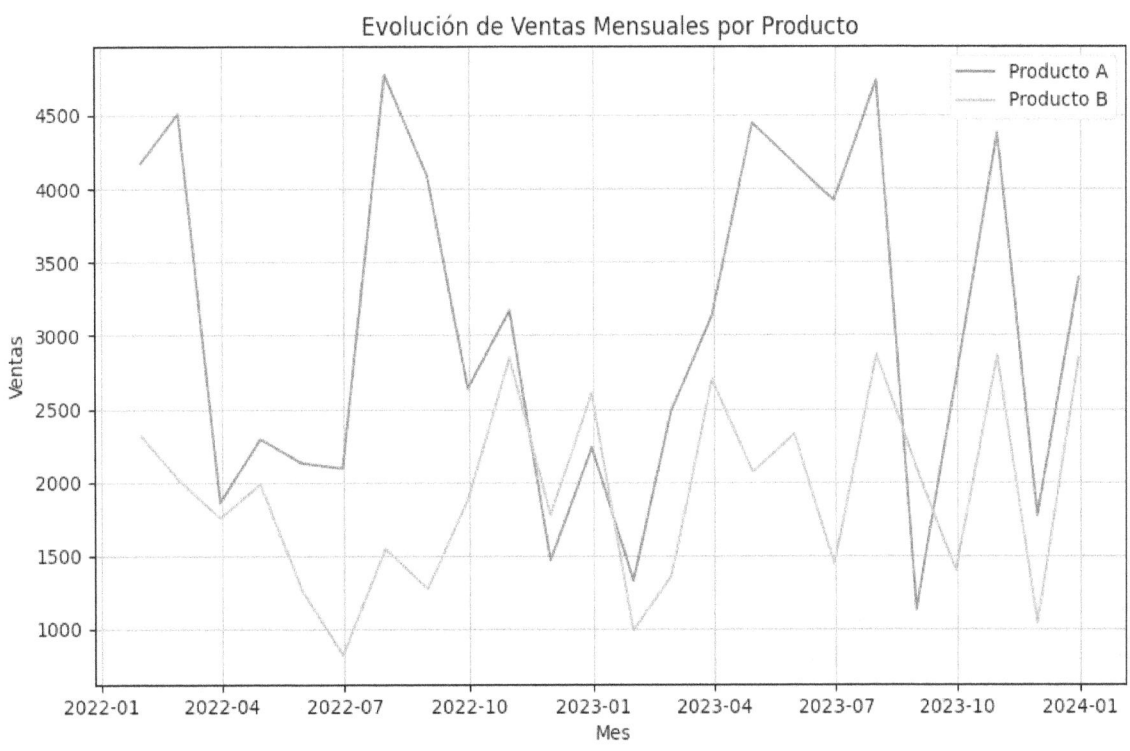

Ejercicio 65. Análisis de Ventas Totales.

Aquí tienes otro escenario que combina la manipulación de datos, la agregación y la visualización. Supongamos que tenemos datos de ventas mensuales por región y queremos analizar las ventas totales por trimestre para cada región, además de mostrar esta información en un gráfico.

```
import pandas as pd
import numpy as np
import matplotlib.pyplot as plt

# Datos de ventas mensuales por región
np.random.seed(42)
data_ventas = {
    'Fecha': pd.date_range(start='2022-01-01', periods=24, freq='M'),
    'Region_A': np.random.randint(100000, 500000, 24),
    'Region_B': np.random.randint(80000, 300000, 24),
    'Region_C': np.random.randint(120000, 400000, 24)
}

df_ventas = pd.DataFrame(data_ventas)

# Calcular las ventas totales por trimestre para cada región
df_ventas['Trimestre'] = df_ventas['Fecha'].dt.to_period('Q')
ventas_totales_trimestrales =
df_ventas.groupby('Trimestre').agg({
    'Region_A': 'sum',
    'Region_B': 'sum',
    'Region_C': 'sum'
})

# Graficar las ventas totales por trimestre para cada región
plt.figure(figsize=(10, 6))
for col in ventas_totales_trimestrales.columns:
    plt.plot(ventas_totales_trimestrales.index.astype(str), ventas_totales_trimestrales[col], label=col)

plt.title('Ventas Totales por Trimestre y Región')
```

```
plt.xlabel('Trimestre')
plt.ylabel('Ventas Totales')
plt.legend()
plt.grid(True)
plt.show()

print("Ventas Totales por Trimestre y Región:")
print(ventas_totales_trimestrales)
```

En este ejemplo, generamos un DataFrame simulado con datos de ventas mensuales por región. Luego, calculamos las ventas totales por trimestre para cada región utilizando la agrupación por trimestre y la suma de las ventas. Posteriormente, creamos un gráfico que muestra las ventas totales por trimestre para cada región, lo que nos permite visualizar la evolución de las ventas a lo largo de los trimestres en diferentes regiones.

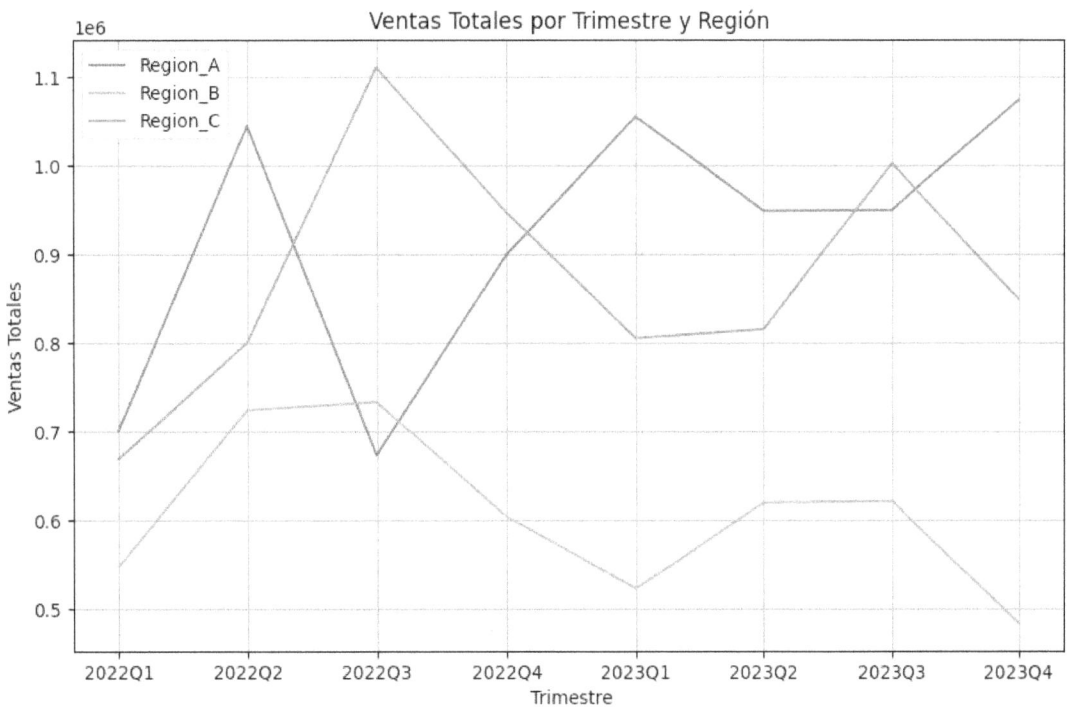

Ejercicio 66. Evolución de Ventas.

Aquí tienes otro escenario que implica manipulación de datos, cálculos y visualización. Supongamos que tenemos datos de ventas mensuales por producto y queremos comparar la evolución de las ventas entre dos productos específicos, además de calcular el crecimiento porcentual anual de cada producto.

```
import pandas as pd
import numpy as np
import matplotlib.pyplot as plt

# Datos de ventas mensuales por producto
np.random.seed(42)
data_ventas = {
  'Mes': pd.date_range(start='2022-01-01', periods=36, freq='M'),
  'Producto_A': np.random.randint(1000, 5000, 36),
  'Producto_B': np.random.randint(800, 3000, 36)
}

df_ventas = pd.DataFrame(data_ventas)

# Seleccionar los dos productos a comparar
producto_1 = 'Producto_A'
producto_2 = 'Producto_B'

# Graficar la evolución de las ventas mensuales para los dos productos
plt.figure(figsize=(10, 6))
plt.plot(df_ventas['Mes'], df_ventas[producto_1], label=producto_1)
plt.plot(df_ventas['Mes'], df_ventas[producto_2], label=producto_2)
plt.title('Evolución de Ventas Mensuales por Producto')
plt.xlabel('Mes')
plt.ylabel('Ventas')
```

```
plt.legend()
plt.grid(True)
plt.show()

# Calcular el crecimiento porcentual anual de cada producto
ventas_anuales = df_ventas.resample('Y', on='Mes').sum()
crecimiento_porcentual = ((ventas_anuales.iloc[-1] /
ventas_anuales.iloc[0]) - 1) * 100

print("Crecimiento Porcentual Anual de Ventas:")
print(crecimiento_porcentual)
```

En este ejemplo, generamos un DataFrame simulado con datos de ventas mensuales por producto. Graficamos la evolución de las ventas mensuales para dos productos específicos a lo largo del tiempo. Luego, calculamos el crecimiento porcentual anual de las ventas para cada producto, permitiéndonos comparar cómo han variado las ventas de cada producto desde el inicio hasta el final del periodo simulado.

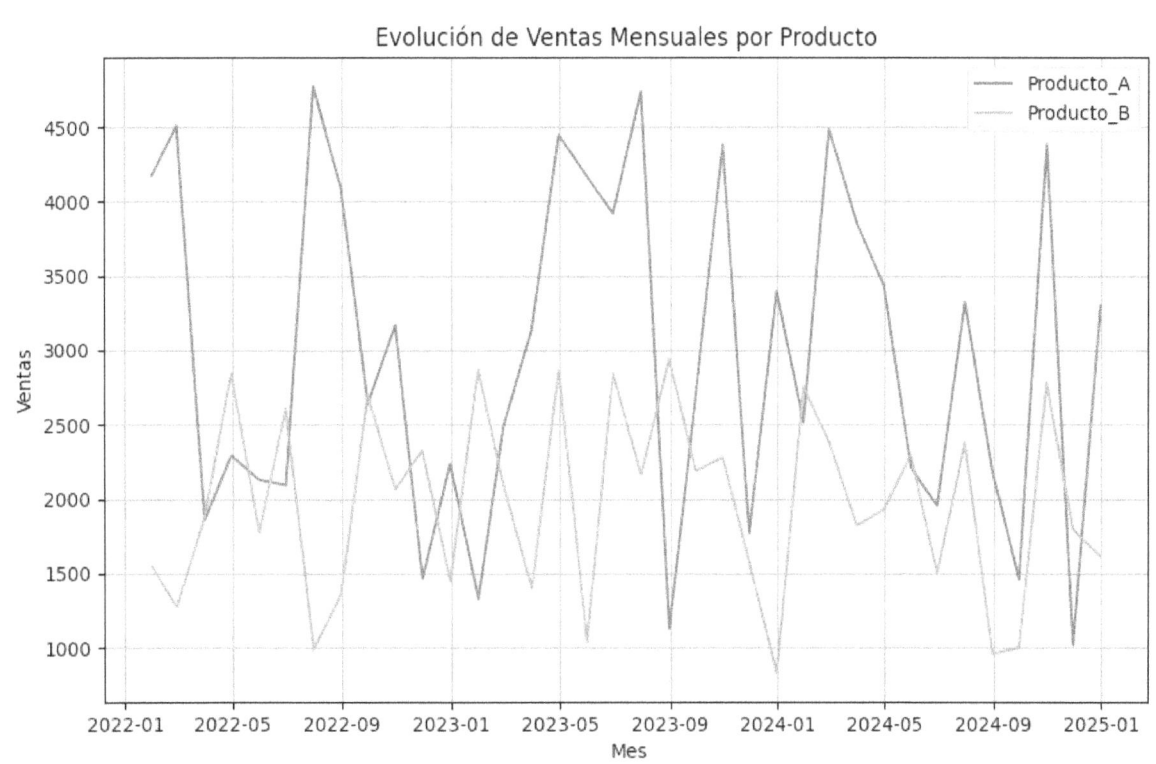

Ejercicio 67. Tendencia de Ventas.

Aquí tienes otro escenario que involucra manipulación de datos, cálculos estadísticos y visualización. Supongamos que tenemos datos de ventas mensuales por categoría de productos y queremos analizar la tendencia de ventas de dos categorías específicas a lo largo del tiempo, además de calcular la correlación entre ellas.

```
import pandas as pd
import numpy as np
import matplotlib.pyplot as plt

# Datos de ventas mensuales por categoría de productos
np.random.seed(42)
data_ventas = {
 'Mes': pd.date_range(start='2022-01-01', periods=36, freq='M'),
 'Electrónicos': np.random.randint(10000, 50000, 36),
 'Ropa': np.random.randint(5000, 30000, 36),
 'Hogar': np.random.randint(8000, 35000, 36)
}

df_ventas = pd.DataFrame(data_ventas)

# Seleccionar dos categorías para analizar
categoria_1 = 'Electrónicos'
categoria_2 = 'Ropa'

# Graficar la tendencia de ventas mensuales para las dos categorías
plt.figure(figsize=(10, 6))
plt.plot(df_ventas['Mes'], df_ventas[categoria_1], label=categoria_1)
plt.plot(df_ventas['Mes'], df_ventas[categoria_2], label=categoria_2)
plt.title('Tendencia de Ventas Mensuales por Categoría de Productos')
plt.xlabel('Mes')
plt.ylabel('Ventas')
plt.legend()
```

```
plt.grid(True)
plt.show()

# Calcular la correlación entre las dos categorías
correlacion_categorias = df_ventas[[categoria_1,
categoria_2]].corr().iloc[0, 1]

print("Correlación entre las Categorías de Productos:")
print(f"Correlación entre {categoria_1} y {categoria_2}: 
{correlacion_categorias}")
```

En este ejemplo, creamos un DataFrame simulado con datos de ventas mensuales por categoría de productos. Graficamos la tendencia de ventas mensuales para dos categorías específicas a lo largo del tiempo, permitiéndonos comparar cómo han evolucionado las ventas de cada categoría. Además, calculamos la correlación entre las dos categorías seleccionadas, lo que nos brinda información sobre la relación entre sus tendencias de ventas a lo largo del tiempo.

Resultado:

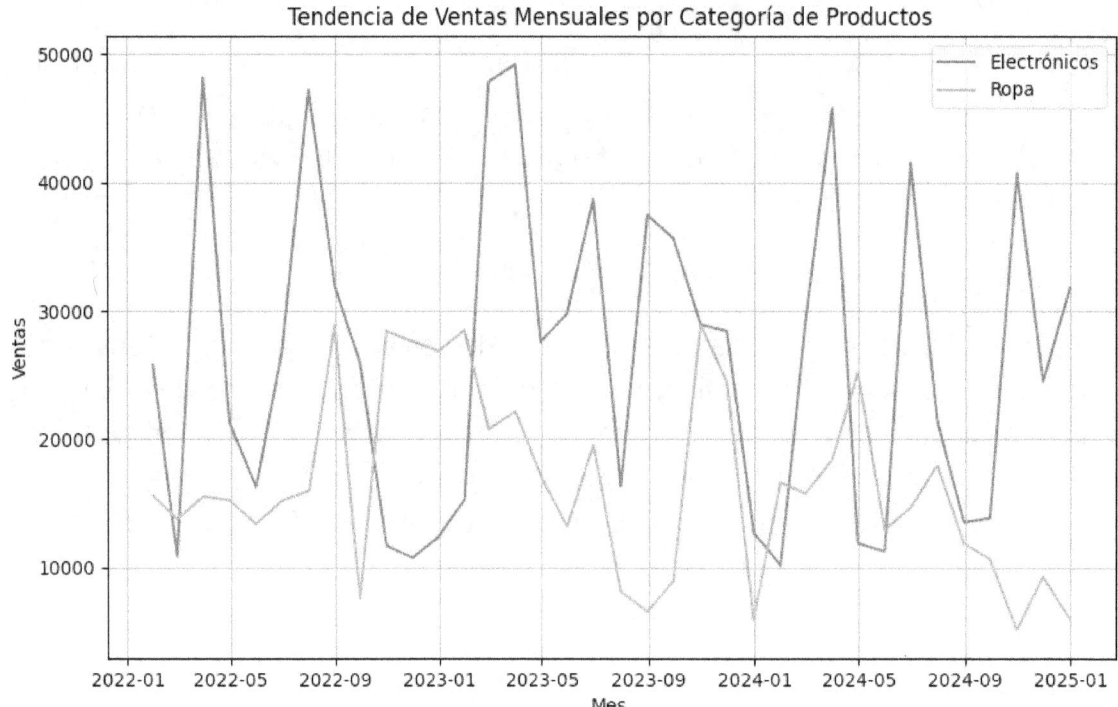

Ejercicio 68. Creación de un Dashboard.

Aunque Pandas es principalmente una herramienta para manipulación y análisis de datos, puedes combinarla con otras bibliotecas como Matplotlib, Seaborn y Plotly para crear gráficos interactivos y construir un dashboard básico.

Para crear un sencillo dashboard que muestre gráficos de ventas mensuales por categoría de producto, podríamos hacer lo siguiente:

```
import pandas as pd
import numpy as np
import matplotlib.pyplot as plt

# Datos de ventas mensuales por categoría de productos
np.random.seed(42)
data_ventas = {
 'Mes': pd.date_range(start='2022-01-01', periods=24, freq='M'),
 'Electrónicos': np.random.randint(10000, 50000, 24),
 'Ropa': np.random.randint(5000, 30000, 24),
 'Hogar': np.random.randint(8000, 35000, 24)
}

df_ventas = pd.DataFrame(data_ventas)

# Graficar las ventas mensuales por categoría de productos
plt.figure(figsize=(12, 6))

plt.subplot(2, 2, 1)
plt.plot(df_ventas['Mes'], df_ventas['Electrónicos'])
plt.title('Ventas de Electrónicos')
plt.xlabel('Mes')
plt.ylabel('Ventas')
```

```
plt.subplot(2, 2, 2)
plt.plot(df_ventas['Mes'], df_ventas['Ropa'])
plt.title('Ventas de Ropa')
plt.xlabel('Mes')
plt.ylabel('Ventas')

plt.subplot(2, 2, 3)
plt.plot(df_ventas['Mes'], df_ventas['Hogar'])
plt.title('Ventas de Hogar')
plt.xlabel('Mes')
plt.ylabel('Ventas')

plt.tight_layout()
plt.show()
```

Este ejemplo utiliza Matplotlib para mostrar tres gráficos separados en un diseño de cuadrícula. Cada gráfico representa las ventas mensuales de una categoría de producto diferente. Un dashboard más complejo podría involucrar el uso de bibliotecas de visualización interactiva como Plotly o Dash para crear elementos interactivos y más dinámicos en un entorno web.

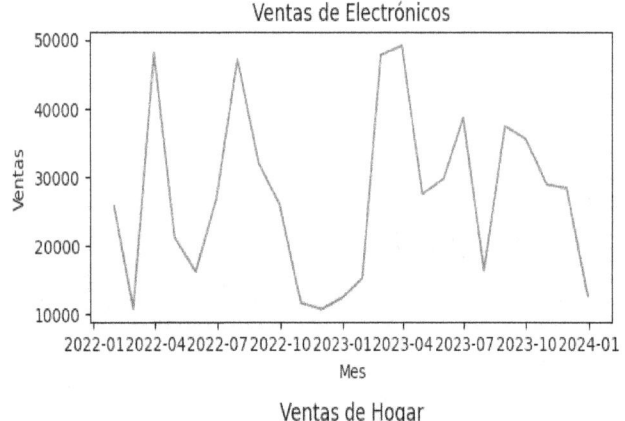
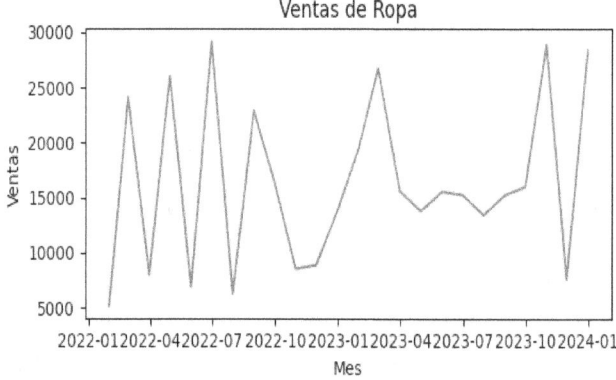
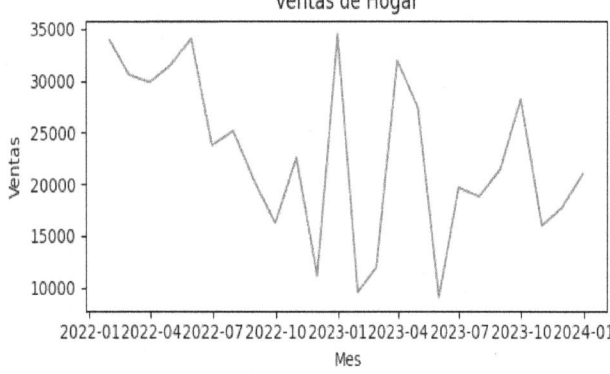

Ejercicio 69. Creación de un Dashboard Interactivo

Aquí hay un ejemplo utilizando Plotly para generar un dashboard sencillo con gráficos interactivos de ventas mensuales por categoría de producto.

Para ejecutar este código, necesitarás tener instalada la biblioteca Plotly. Puedes instalarla utilizando el siguiente comando: `pip install plotly`.

```python
import pandas as pd
import numpy as np
import plotly.express as px

# Datos de ventas mensuales por categoría de productos
np.random.seed(42)
data_ventas = {
 'Mes': pd.date_range(start='2022-01-01', periods=24, freq='M'),
 'Electrónicos': np.random.randint(10000, 50000, 24),
 'Ropa': np.random.randint(5000, 30000, 24),
 'Hogar': np.random.randint(8000, 35000, 24)
}

df_ventas = pd.DataFrame(data_ventas)

# Crear un gráfico interactivo con Plotly
fig = px.line(df_ventas, x='Mes', y=df_ventas.columns[1:],
title='Ventas Mensuales por Categoría de Producto')
fig.update_xaxes(title_text='Mes')
fig.update_yaxes(title_text='Ventas')
fig.show()
```

Este código utiliza Plotly Express para generar un gráfico de líneas interactivo. Al pasar el DataFrame y especificar las columnas para los ejes x (Mes) y y (categorías de productos), crea un gráfico interactivo que permite al usuario explorar las ventas mensuales de cada categoría de producto a lo largo del tiempo. Esta es solo una introducción básica a la creación de dashboards con Plotly; puedes agregar más características interactivas y personalización según tus necesidades específicas.

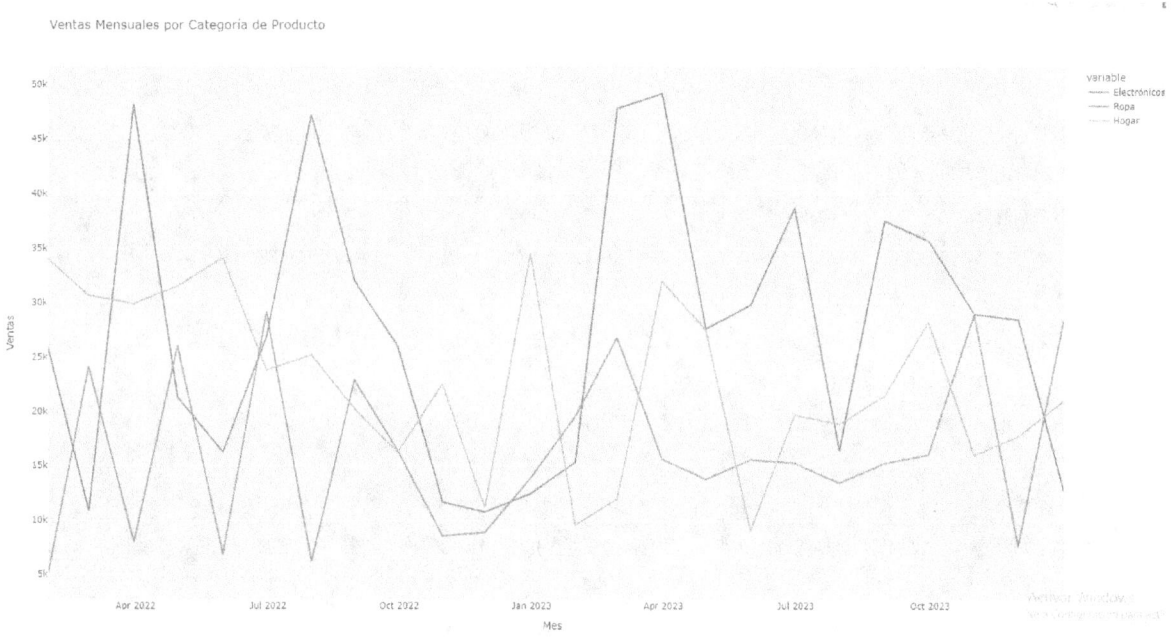

Ejercicio 70. Dashboard utilizando Dash.

Aquí tienes un ejemplo utilizando la biblioteca Dash, que es ideal para crear dashboards interactivos más complejos. En este caso, vamos a construir un dashboard con múltiples gráficos que muestran las ventas mensuales por categoría de producto, permitiendo al usuario seleccionar qué categorías de productos mostrar.

Para ejecutar este código, necesitarás tener instalada la biblioteca Dash. Puedes instalarla utilizando el siguiente comando: `pip install dash`.

```
import pandas as pd
import numpy as np
import dash
from dash import dcc, html
import plotly.express as px

# Datos de ventas mensuales por categoría de productos
np.random.seed(42)
data_ventas = {
 'Mes': pd.date_range(start='2022-01-01', periods=24, freq='M'),
 'Electrónicos': np.random.randint(10000, 50000, 24),
 'Ropa': np.random.randint(5000, 30000, 24),
 'Hogar': np.random.randint(8000, 35000, 24)
}

df_ventas = pd.DataFrame(data_ventas)

# Crear la aplicación de Dash
app = dash.Dash(__name__)
```

```python
# Diseño del dashboard
app.layout = html.Div([
 html.H1("Dashboard de Ventas Mensuales por Categoría de
Producto"),
 dcc.Dropdown(
 id='product-dropdown',
 options=[{'label': col, 'value': col} for col in
df_ventas.columns[1:]],
 value=[df_ventas.columns[1]],
 multi=True
 ),
 dcc.Graph(id='sales-graph')
])

# Callback para actualizar el gráfico según la selección del
usuario
@app.callback(
 dash.dependencies.Output('sales-graph', 'figure'),
 [dash.dependencies.Input('product-dropdown', 'value')]
)
def update_graph(selected_products):
 filtered_df = df_ventas[['Mes'] + selected_products]
 fig = px.line(filtered_df, x='Mes', y=selected_products,
title='Ventas Mensuales por Categoría de Producto')
 fig.update_xaxes(title_text='Mes')
 fig.update_yaxes(title_text='Ventas')
 return fig

if __name__ == '__main__':
 app.run_server(debug=True)
```

Este código crea un dashboard básico utilizando Dash. La aplicación consta de un menú desplegable que permite al usuario seleccionar las categorías de productos a mostrar en el gráfico. Al seleccionar las categorías, el gráfico se actualiza dinámicamente para mostrar las ventas mensuales correspondientes. Esta es una estructura inicial, pero puedes personalizar y ampliar la funcionalidad del dashboard según tus necesidades específicas.

Resultado:

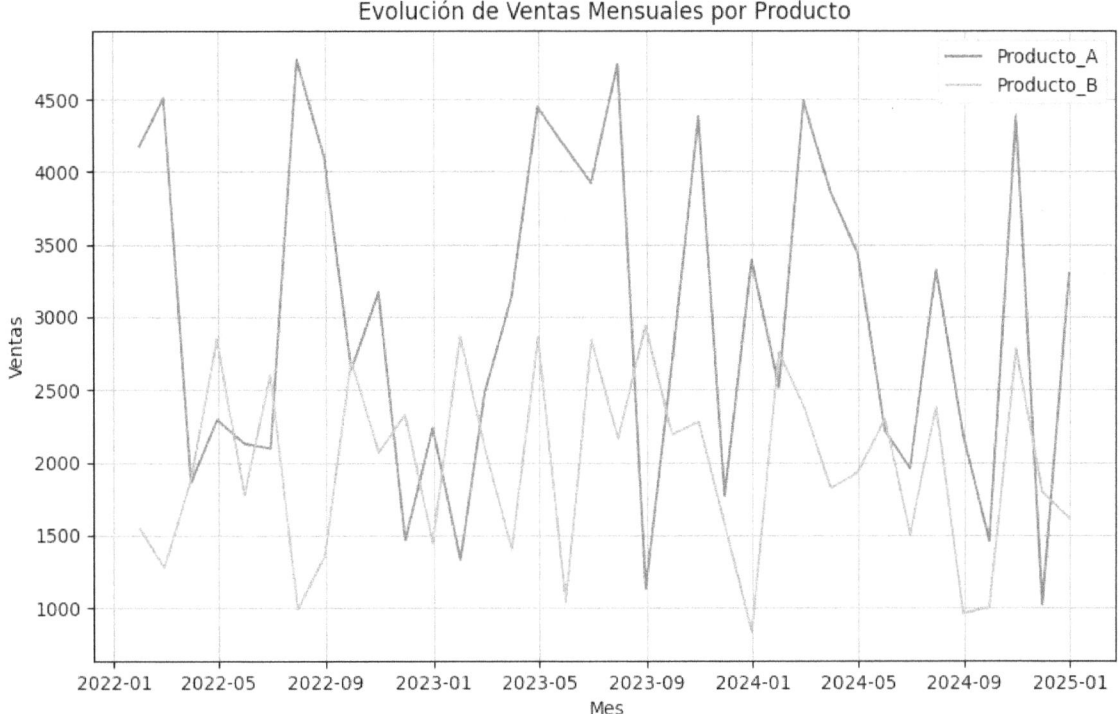

Ejercicio 71. Gráficos Interactivos con Dash.

Aquí te muestro un ejemplo similar utilizando Dash, pero en este caso, crearemos un dashboard con dos gráficos interactivos que representan la evolución de las ventas mensuales por dos categorías de productos distintas, permitiendo al usuario seleccionar los meses a visualizar.

```
import pandas as pd
import numpy as np
import dash
from dash import dcc, html
import plotly.express as px

# Datos de ventas mensuales por categoría de productos
np.random.seed(42)
data_ventas = {
 'Mes': pd.date_range(start='2022-01-01', periods=24, freq='M'),
 'Electrónicos': np.random.randint(10000, 50000, 24),
 'Ropa': np.random.randint(5000, 30000, 24),
}

df_ventas = pd.DataFrame(data_ventas)

# Crear la aplicación de Dash
app = dash.Dash(__name__)

# Diseño del dashboard
app.layout = html.Div([
 html.H1("Dashboard de Ventas Mensuales por Categoría de Producto"),
 dcc.Dropdown(
 id='month-dropdown',
 options=[{'label': mes.strftime('%B %Y'), 'value': mes} for mes in df_ventas['Mes']],
```

```python
    value=[df_ventas['Mes'][0]],
    multi=True
    ),
    html.Div([
    dcc.Graph(id='sales-graph-electronics'),
    dcc.Graph(id='sales-graph-clothing')
    ])
])

# Callback para actualizar los gráficos según la selección del usuario
@app.callback(
    [dash.dependencies.Output('sales-graph-electronics', 'figure'),
    dash.dependencies.Output('sales-graph-clothing', 'figure')],
    [dash.dependencies.Input('month-dropdown', 'value')]
)
def update_graph(selected_months):
    filtered_df = df_ventas[df_ventas['Mes'].isin(selected_months)]
    
    fig_electronics = px.line(filtered_df, x='Mes', y='Electrónicos', title='Ventas Mensuales de Electrónicos')
    fig_electronics.update_xaxes(title_text='Mes')
    fig_electronics.update_yaxes(title_text='Ventas')
    
    fig_clothing = px.line(filtered_df, x='Mes', y='Ropa', title='Ventas Mensuales de Ropa')
    fig_clothing.update_xaxes(title_text='Mes')
    fig_clothing.update_yaxes(title_text='Ventas')
    
    return fig_electronics, fig_clothing

if __name__ == '__main__':
    app.run_server(debug=True)
```

Este código crea un dashboard con dos gráficos de líneas interactivos utilizando Dash. El usuario puede seleccionar los meses a visualizar a través de un menú desplegable. Los gráficos se actualizan dinámicamente para mostrar la evolución de las ventas mensuales de Electrónicos y Ropa según los meses seleccionados. Esto proporciona una manera interactiva de explorar las ventas por categoría de producto en diferentes periodos de tiempo.

Nivel Intermedio

Ejercicio 72. Dashboard Múltiples Gráficos.

Creemos un dashboard que contenga múltiples tipos de gráficos utilizando Dash. Este ejemplo incluirá un gráfico de líneas, un gráfico de barras, un gráfico circular (pie chart) y un gráfico de dispersión.

```
import pandas as pd
import numpy as np
import dash
from dash import dcc, html
import plotly.express as px

# Datos de ejemplo
np.random.seed(42)
data = {
 'Mes': pd.date_range(start='2022-01-01', periods=10, freq='M'),
 'Ventas': np.random.randint(1000, 5000, 10),
 'Ingresos': np.random.randint(500, 2000, 10),
 'Gastos': np.random.randint(300, 1500, 10),
 'Producto': ['A', 'B', 'C', 'A', 'B', 'C', 'A', 'B', 'C', 'A'],
 'Calificación': np.random.randint(1, 10, 10)
}

df = pd.DataFrame(data)

# Crear la aplicación de Dash
app = dash.Dash(__name__)

# Diseño del dashboard
app.layout = html.Div([
```

```python
    html.H1("Dashboard con Múltiples Tipos de Gráficos"),
    dcc.Graph(id='line-chart'),
    dcc.Graph(id='bar-chart'),
    dcc.Graph(id='pie-chart'),
    dcc.Graph(id='scatter-chart')
])

# Callback para actualizar los gráficos
@app.callback(
    [dash.dependencies.Output('line-chart', 'figure'),
    dash.dependencies.Output('bar-chart', 'figure'),
    dash.dependencies.Output('pie-chart', 'figure'),
    dash.dependencies.Output('scatter-chart', 'figure')],
    [dash.dependencies.Input('line-chart', 'value')]
)
def update_graph(selected_value):
    line_chart = px.line(df, x='Mes', y=selected_value, title='Gráfico de Líneas')

    bar_chart = px.bar(df, x='Mes', y=selected_value, title='Gráfico de Barras')

    pie_chart = px.pie(df, names='Producto', values=selected_value, title='Gráfico Circular')

    scatter_chart = px.scatter(df, x='Ingresos', y='Gastos', size='Calificación', color='Producto',
    title='Gráfico de Dispersión')

    return line_chart, bar_chart, pie_chart, scatter_chart

if __name__ == '__main__':
    app.run_server(debug=True)
```

Este código utiliza Dash para crear un dashboard con cuatro gráficos diferentes. El usuario puede interactuar con los gráficos seleccionando una variable para visualizar en cada uno de ellos. El dashboard incluye un gráfico de líneas, un gráfico de barras, un gráfico circular (pie chart) y un gráfico de dispersión, lo que brinda una variedad de visualizaciones para explorar los datos desde diferentes perspectivas.

Gráfico de Líneas

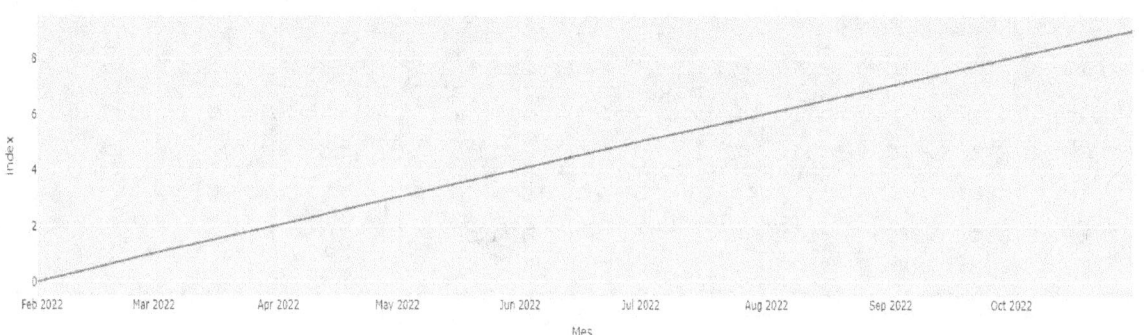

Gráfico de Barras

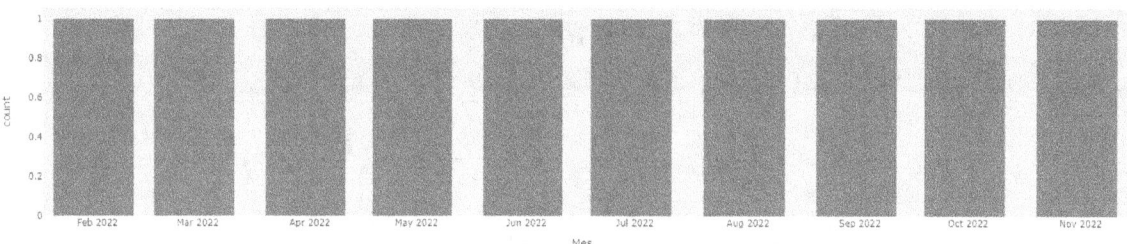

Gráfico Circular

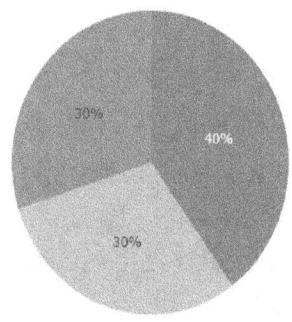

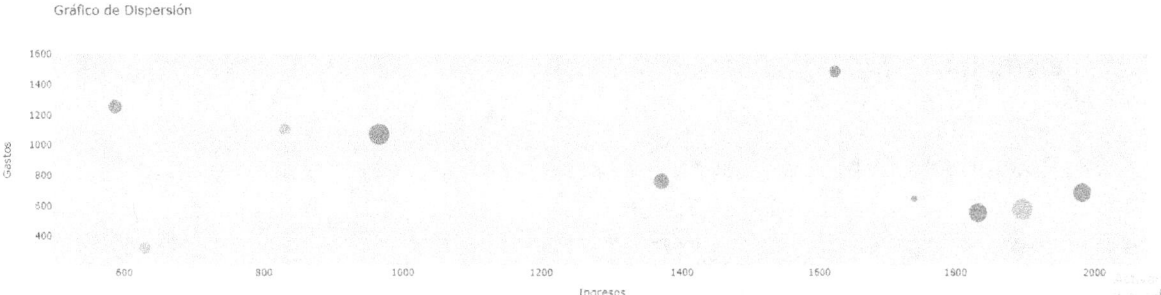

Ejercicio 73: Leer Datos desde un Archivo CSV

Supongamos que tienes un archivo CSV llamado `ventas.csv` que contiene datos de ventas con las siguientes columnas: `Fecha`, `Producto`, `Cantidad`, `PrecioUnitario`, `Total`. El objetivo es leer este archivo CSV utilizando `pd.read_csv()` y crear un DataFrame.

1. Crea un archivo CSV llamado `ventas.csv` con datos de ventas simulados, por ejemplo:

```
Fecha,Producto,Cantidad,PrecioUnitario,Total
2022-01-01,Producto A,10,15.5,155.0
2022-01-02,Producto B,5,20.0,100.0
2022-01-03,Producto A,8,12.0,96.0
2022-01-04,Producto C,3,25.0,75.0
```
2.
3. Utiliza `pd.read_csv()` para leer el archivo `ventas.csv` y crear un DataFrame llamado `df_ventas`.

Solución:

```
import pandas as pd

# Ruta al archivo CSV (ajusta la ruta según la ubicación de tu archivo)
file_path = 'ventas.csv'

# Leer el archivo CSV y crear un DataFrame
df_ventas = pd.read_csv(file_path)

# Mostrar las primeras filas del DataFrame para verificar que se haya cargado correctamente
print("Datos del DataFrame:")
print(df_ventas.head())
```

En esta solución:

- Importamos Pandas como `pd`.
- Definimos la ruta al archivo CSV utilizando `file_path`.
- Utilizamos `pd.read_csv(file_path)` para leer los datos desde el archivo CSV ubicado en `file_path` y crear un DataFrame llamado `df_ventas`.
- Mostramos las primeras filas del DataFrame utilizando `df_ventas.head()` para verificar que los datos se hayan cargado correctamente.

Esta es una manera básica de utilizar `pd.read_csv()` para cargar datos desde un archivo CSV y crear un DataFrame en Pandas. Asegúrate de ajustar la ruta al archivo CSV (`file_path`) según la ubicación de tu archivo en tu sistema de archivos.

Ejercicio 74: Leer Datos desde un Archivo Excel

Supongamos que tienes un archivo Excel llamado `datos.xlsx` que contiene información sobre estudiantes con las siguientes columnas: `Nombre`, `Edad`, `Grado`, `Promedio`. El objetivo es leer este archivo Excel utilizando `pd.read_excel()` y crear un DataFrame.

1. Crea un archivo Excel llamado `datos.xlsx` con datos de ejemplo, por ejemplo:

Nombre	Edad	Grado	Promedio
Juan	12	6	85.5
María	13	7	92.0
Carlos	11	5	78.3
Sofía	12	6	88.9
Ana	13	7	91.2

Utiliza `pd.read_excel()` para leer el archivo `datos.xlsx` y crear un DataFrame llamado `df_estudiantes`.

Solución:

```
import pandas as pd

# Ruta al archivo Excel (ajusta la ruta según la ubicación de
tu archivo)
file_path = 'datos.xlsx'

# Leer el archivo Excel y crear un DataFrame
df_estudiantes = pd.read_excel(file_path)

# Mostrar las primeras filas del DataFrame para verificar que
se haya cargado correctamente
print("Datos del DataFrame:")
print(df_estudiantes.head())
```

En esta solución:

- Importamos Pandas como `pd`.
- Definimos la ruta al archivo Excel utilizando `file_path`.
- Utilizamos `pd.read_excel(file_path)` para leer los datos desde el archivo Excel ubicado en `file_path` y crear un DataFrame llamado `df_estudiantes`.
- Mostramos las primeras filas del DataFrame utilizando `df_estudiantes.head()` para verificar que los datos se hayan cargado correctamente.

Esta es una manera básica de utilizar `pd.read_excel()` para cargar datos desde un archivo Excel (.xlsx) y crear un DataFrame en Pandas. Asegúrate de ajustar la ruta al archivo Excel (`file_path`) según la ubicación de tu archivo en tu sistema de archivos.

Ejercicio 75: Escribir un DataFrame en un Archivo CSV

Supongamos que tienes un DataFrame llamado `df_ventas` que contiene datos de ventas y quieres escribir este DataFrame en un archivo CSV llamado `ventas_nuevas.csv`. El objetivo es utilizar `df.to_csv()` para guardar los datos en el archivo CSV.

1. Supongamos que tienes el siguiente DataFrame de ejemplo (`df_ventas`):

```
import pandas as pd

data = {
 'Fecha': ['2022-01-01', '2022-01-02', '2022-01-03'],
 'Producto': ['A', 'B', 'A'],
 'Cantidad': [10, 5, 8],
 'PrecioUnitario': [15.5, 20.0, 12.0],
 'Total': [155.0, 100.0, 96.0]
}
```

2. Utiliza `df.to_csv()` para escribir el DataFrame `df_ventas` en un archivo CSV llamado `ventas_nuevas.csv`.

Solución:

```
import pandas as pd

# Crear el DataFrame de ejemplo
data = {
 'Fecha': ['2022-01-01', '2022-01-02', '2022-01-03'],
 'Producto': ['A', 'B', 'A'],
 'Cantidad': [10, 5, 8],
 'PrecioUnitario': [15.5, 20.0, 12.0],
 'Total': [155.0, 100.0, 96.0]
}

df_ventas = pd.DataFrame(data)
```

```
# Ruta al archivo CSV donde se guardará el DataFrame
file_path = 'ventas_nuevas.csv'

# Escribir el DataFrame en un archivo CSV
df_ventas.to_csv(file_path, index=False) # Utilizamos
index=False para no incluir el índice en el archivo CSV

print("¡El DataFrame ha sido guardado correctamente en el
archivo CSV!")
```

En esta solución:

- Importamos Pandas como `pd`.
- Creamos un DataFrame de ejemplo llamado `df_ventas` utilizando un diccionario de datos `data`.
- Definimos la ruta al archivo CSV donde se guardará el DataFrame utilizando `file_path`.
- Utilizamos `df_ventas.to_csv(file_path, index=False)` para escribir el DataFrame `df_ventas` en un archivo CSV en la ubicación especificada por `file_path`. El argumento `index=False` se utiliza para no incluir el índice del DataFrame en el archivo CSV.

Después de ejecutar este código, encontrarás un archivo CSV llamado `ventas_nuevas.csv` en la ubicación especificada, que contiene los datos del DataFrame `df_ventas`. ¡Este ejercicio demuestra cómo utilizar `df.to_csv()` para guardar datos de un DataFrame en un archivo CSV en Pandas!

Resultado:

```
¡El DataFrame ha sido guardado correctamente en el archivo
CSV!
```

Ejercicio 76: Escribir un DataFrame en un Archivo Excel

Supongamos que tienes un DataFrame llamado `df_estudiantes` que contiene información sobre estudiantes y deseas guardar este DataFrame en un archivo Excel llamado `estudiantes.xlsx`. El objetivo es utilizar `df.to_excel()` para exportar los datos del DataFrame al archivo Excel.

1. Supongamos que tienes el siguiente DataFrame de ejemplo (`df_estudiantes`):

```
import pandas as pd

data = {
 'Nombre': ['Juan', 'María', 'Carlos', 'Sofía', 'Ana'],
 'Edad': [12, 13, 11, 12, 13],
 'Grado': [6, 7, 5, 6, 7],
 'Promedio': [85.5, 92.0, 78.3, 88.9, 91.2]
}

df_estudiantes = pd.DataFrame(data)
```

2. Utiliza `df.to_excel()` para escribir el DataFrame `df_estudiantes` en un archivo Excel llamado `estudiantes.xlsx`.

Solución:

```
import pandas as pd

# Crear el DataFrame de ejemplo
data = {
 'Nombre': ['Juan', 'María', 'Carlos', 'Sofía', 'Ana'],
 'Edad': [12, 13, 11, 12, 13],
 'Grado': [6, 7, 5, 6, 7],
 'Promedio': [85.5, 92.0, 78.3, 88.9, 91.2]
}
```

```
df_estudiantes = pd.DataFrame(data)

# Ruta al archivo Excel donde se guardará el DataFrame
file_path = 'estudiantes.xlsx'

# Escribir el DataFrame en un archivo Excel
df_estudiantes.to_excel(file_path, index=False) # Utilizamos
index=False para no incluir el índice en el archivo Excel

print("¡El DataFrame ha sido guardado correctamente en el
archivo Excel!")
```

En esta solución:

- Importamos Pandas como `pd`.
- Creamos un DataFrame de ejemplo llamado `df_estudiantes` utilizando un diccionario de datos `data`.
- Definimos la ruta al archivo Excel donde se guardará el DataFrame utilizando `file_path`.
- Utilizamos `df_estudiantes.to_excel(file_path, index=False)` para escribir el DataFrame `df_estudiantes` en un archivo Excel (.xlsx) en la ubicación especificada por `file_path`. El argumento `index=False` se utiliza para no incluir el índice del DataFrame en el archivo Excel.

Después de ejecutar este código, encontrarás un archivo Excel llamado `estudiantes.xlsx` en la ubicación especificada, que contiene los datos del DataFrame `df_estudiantes`. ¡Este ejercicio demuestra cómo utilizar `df.to_excel()` para guardar datos de un DataFrame en un archivo Excel utilizando Pandas!

Ejercicio 77: Mostrar las Primeras Filas del DataFrame

Supongamos que tienes un DataFrame llamado `df_ventas` que contiene datos de ventas y deseas visualizar las primeras filas para tener una vista previa de los datos.

1. Supongamos que tienes el siguiente DataFrame de ejemplo (`df_ventas`):

```
import pandas as pd

data = {
 'Fecha': ['2022-01-01', '2022-01-02', '2022-01-03', '2022-01-04', '2022-01-05'],
 'Producto': ['A', 'B', 'A', 'C', 'B'],
 'Cantidad': [10, 5, 8, 3, 7],
 'PrecioUnitario': [15.5, 20.0, 12.0, 25.0, 18.0],
 'Total': [155.0, 100.0, 96.0, 75.0, 126.0]
}

df_ventas = pd.DataFrame(data)
```

2. Utiliza `df.head()` para mostrar las primeras filas del DataFrame `df_ventas`.

Solución:

```
import pandas as pd




# Crear el DataFrame de ejemplo

data = {

 'Fecha': ['2022-01-01', '2022-01-02', '2022-01-03', '2022-01-04', '2022-01-05'],

 'Producto': ['A', 'B', 'A', 'C', 'B'],
```

```
'Cantidad': [10, 5, 8, 3, 7],

'PrecioUnitario': [15.5, 20.0, 12.0, 25.0, 18.0],

'Total': [155.0, 100.0, 96.0, 75.0, 126.0]

}


df_ventas = pd.DataFrame(data)


# Mostrar las primeras filas del DataFrame (por defecto, las primeras 5 filas)

print("Primeras filas del DataFrame:")

print(df_ventas.head())
```

Resultado:

```
Primeras filas del DataFrame:
        Fecha Producto  Cantidad  PrecioUnitario  Total
0  2022-01-01        A        10            15.5  155.0
1  2022-01-02        B         5            20.0  100.0
2  2022-01-03        A         8            12.0   96.0
3  2022-01-04        C         3            25.0   75.0
4  2022-01-05        B         7            18.0  126.0
```

En esta solución:

- Importamos Pandas como `pd`.
- Creamos un DataFrame de ejemplo llamado `df_ventas` utilizando un diccionario de datos `data`.

- Utilizamos `df_ventas.head()` para mostrar las primeras 5 filas del DataFrame `df_ventas`.

Al ejecutar este código, verás las primeras filas del DataFrame `df_ventas` impresas en la consola, lo que te proporcionará una vista previa de los datos. Puedes ajustar el número de filas que deseas mostrar especificando el número como argumento de `df.head()`, por ejemplo, `df.head(10)` para mostrar las primeras 10 filas. ¡Espero que este ejercicio te sea útil para utilizar `df.head()` en tus análisis de datos con Pandas!

Ejercicio 78: Mostrar las Últimas Filas del DataFrame

Supongamos que tienes un DataFrame llamado `df_ventas` que contiene datos de ventas y deseas visualizar las últimas filas para tener una vista previa de los datos al final del DataFrame.

1. Supongamos que tienes el siguiente DataFrame de ejemplo (`df_ventas`):

```
import pandas as pd

data = {
 'Fecha': ['2022-01-01', '2022-01-02', '2022-01-03', '2022-01-04', '2022-01-05'],
 'Producto': ['A', 'B', 'A', 'C', 'B'],
 'Cantidad': [10, 5, 8, 3, 7],
 'PrecioUnitario': [15.5, 20.0, 12.0, 25.0, 18.0],
 'Total': [155.0, 100.0, 96.0, 75.0, 126.0]
}

df_ventas = pd.DataFrame(data)
```

2. Utiliza `df.tail()` para mostrar las últimas filas del DataFrame `df_ventas`.

Solución:

```
import pandas as pd

# Crear el DataFrame de ejemplo
data = {
 'Fecha': ['2022-01-01', '2022-01-02', '2022-01-03', '2022-01-04', '2022-01-05'],
 'Producto': ['A', 'B', 'A', 'C', 'B'],
 'Cantidad': [10, 5, 8, 3, 7],
 'PrecioUnitario': [15.5, 20.0, 12.0, 25.0, 18.0],
 'Total': [155.0, 100.0, 96.0, 75.0, 126.0]
}

df_ventas = pd.DataFrame(data)

# Mostrar las últimas filas del DataFrame (por defecto, las últimas 5 filas)
```

```
print("Últimas filas del DataFrame:")
print(df_ventas.tail())
```

Resultado:

```
     Fecha       Producto  Cantidad  PrecioUnitario  Total
0   2022-01-01      A          10         15.5       155.0
1   2022-01-02      B           5         20.0       100.0
2   2022-01-03      A           8         12.0        96.0
3   2022-01-04      C           3         25.0        75.0
4   2022-01-05      B           7         18.0       126.0
```

En esta solución:

- Importamos Pandas como `pd`.
- Creamos un DataFrame de ejemplo llamado `df_ventas` utilizando un diccionario de datos `data`.
- Utilizamos `df_ventas.tail()` para mostrar las últimas 5 filas del DataFrame `df_ventas`.

Al ejecutar este código, verás las últimas filas del DataFrame `df_ventas` impresas en la consola, lo que te proporcionará una vista previa de los datos al final del DataFrame. Puedes ajustar el número de filas que deseas mostrar especificando el número como argumento de `df.tail()`, por ejemplo, `df.tail(10)` para mostrar las últimas 10 filas. ¡Espero que este ejercicio te sea útil para utilizar `df.tail()` en tus análisis de datos con Pandas!

Ejercicio 79: Obtener Información Detallada del DataFrame

Supongamos que tienes un DataFrame llamado `df_ventas` que contiene datos de ventas y deseas obtener información detallada sobre la estructura y la calidad de los datos en este DataFrame.

1. Supongamos que tienes el siguiente DataFrame de ejemplo (`df_ventas`):

```
import pandas as pd

data = {
 'Fecha': ['2022-01-01', '2022-01-02', '2022-01-03', '2022-01-04', '2022-01-05'],
 'Producto': ['A', 'B', 'A', 'C', 'B'],
 'Cantidad': [10, 5, 8, 3, 7],
 'PrecioUnitario': [15.5, 20.0, 12.0, 25.0, 18.0],
 'Total': [155.0, 100.0, 96.0, 75.0, 126.0]
}

df_ventas = pd.DataFrame(data)
```
2.
3. Utiliza `df.info()` para obtener información detallada sobre el DataFrame `df_ventas`.

Solución:

```
import pandas as pd

# Crear el DataFrame de ejemplo
data = {
 'Fecha': ['2022-01-01', '2022-01-02', '2022-01-03', '2022-01-04', '2022-01-05'],
 'Producto': ['A', 'B', 'A', 'C', 'B'],
 'Cantidad': [10, 5, 8, 3, 7],
 'PrecioUnitario': [15.5, 20.0, 12.0, 25.0, 18.0],
 'Total': [155.0, 100.0, 96.0, 75.0, 126.0]
}
```

```
df_ventas = pd.DataFrame(data)

# Obtener información detallada del DataFrame
print("Información detallada del DataFrame:")
df_ventas.info()
```

Resultado:

```
Información detallada del DataFrame:
<class 'pandas.core.frame.DataFrame'>
RangeIndex: 5 entries, 0 to 4
Data columns (total 5 columns):
 #   Column          Non-Null Count  Dtype
---  ------          --------------  -----
 0   Fecha           5 non-null      object
 1   Producto        5 non-null      object
 2   Cantidad        5 non-null      int64
 3   PrecioUnitario  5 non-null      float64
 4   Total           5 non-null      float64
```

En esta solución:

- Importamos Pandas como `pd`.
- Creamos un DataFrame de ejemplo llamado `df_ventas` utilizando un diccionario de datos `data`.
- Utilizamos `df_ventas.info()` para obtener información detallada sobre el DataFrame `df_ventas`, incluyendo:
    - La cantidad de filas y columnas en el DataFrame.
    - Los nombres de las columnas y sus tipos de datos.
    - La cantidad de valores no nulos presentes en cada columna.

Al ejecutar este código, verás la información detallada del DataFrame `df_ventas` impresa en la consola. Esta información te será útil para comprender la estructura del DataFrame y verificar la integridad de los datos. ¡Espero que este ejercicio te sea útil para utilizar `df.info()` en tus análisis de datos con Pandas!

Ejercicio 80: Obtener Estadísticas Descriptivas del DataFrame

Supongamos que tienes un DataFrame llamado `df_ventas` que contiene datos de ventas y deseas obtener estadísticas descriptivas de las columnas numéricas en este DataFrame.

1. Supongamos que tienes el siguiente DataFrame de ejemplo (`df_ventas`):

```
import pandas as pd

data = {
 'Fecha': ['2022-01-01', '2022-01-02', '2022-01-03', '2022-01-04', '2022-01-05'],
 'Producto': ['A', 'B', 'A', 'C', 'B'],
 'Cantidad': [10, 5, 8, 3, 7],
 'PrecioUnitario': [15.5, 20.0, 12.0, 25.0, 18.0],
 'Total': [155.0, 100.0, 96.0, 75.0, 126.0]
}
```

2. Utiliza `df.describe()` para obtener estadísticas descriptivas de las columnas numéricas del DataFrame `df_ventas`.

Solución:

```
import pandas as pd

# Crear el DataFrame de ejemplo
data = {
 'Fecha': ['2022-01-01', '2022-01-02', '2022-01-03', '2022-01-04', '2022-01-05'],
 'Producto': ['A', 'B', 'A', 'C', 'B'],
 'Cantidad': [10, 5, 8, 3, 7],
 'PrecioUnitario': [15.5, 20.0, 12.0, 25.0, 18.0],
 'Total': [155.0, 100.0, 96.0, 75.0, 126.0]
}
```

```python
df_ventas = pd.DataFrame(data)

# Obtener estadísticas descriptivas del DataFrame para columnas numéricas
print("Estadísticas descriptivas del DataFrame:")
print(df_ventas.describe())
```

Resultado:

```
Estadísticas descriptivas del DataFrame:
       Cantidad  PrecioUnitario       Total
count  5.000000        5.000000    5.000000
mean   6.600000       18.100000  110.400000
std    2.701851        4.878524   30.826936
min    3.000000       12.000000   75.000000
25%    5.000000       15.500000   96.000000
50%    7.000000       18.000000  100.000000
75%    8.000000       20.000000  126.000000
max   10.000000       25.000000  155.000000
```

En esta solución:

- Importamos Pandas como `pd`.
- Creamos un DataFrame de ejemplo llamado `df_ventas` utilizando un diccionario de datos `data`.
- Utilizamos `df_ventas.describe()` para obtener estadísticas descriptivas de las columnas numéricas del DataFrame `df_ventas`, incluyendo:
    - Conteo de valores no nulos.
    - Media (promedio).
    - Desviación estándar.
    - Valores mínimo y máximo.
    - Cuartiles (25%, 50% y 75%).

Al ejecutar este código, verás las estadísticas descriptivas del DataFrame `df_ventas` impresas en la consola. Esta información te será útil para comprender la distribución y las características de las variables numéricas en tu DataFrame. ¡Espero que este ejercicio te sea útil para utilizar `df.describe()` en tus análisis de datos con Pandas!

Ejercicio 81: Filtrar Filas basadas en una Condición

Supongamos que tienes un DataFrame `df_ventas` que contiene datos de ventas y deseas filtrar las filas donde la columna `Cantidad` sea mayor que un valor específico, por ejemplo, 5.

```
import pandas as pd

# Crear el DataFrame de ejemplo
data = {
 'Producto': ['A', 'B', 'C', 'A', 'B'],
 'Cantidad': [10, 5, 8, 3, 7],
 'PrecioUnitario': [15.5, 20.0, 12.0, 25.0, 18.0]
}

df_ventas = pd.DataFrame(data)

# Filtrar filas donde la cantidad sea mayor que 5
df_filtrado = df_ventas[df_ventas['Cantidad'] > 5]

# Mostrar el DataFrame filtrado
print("Filas con cantidad mayor que 5:")
print(df_filtrado)
```

Resultado:

```
Filas con cantidad mayor que 5:
   Producto  Cantidad  PrecioUnitario
0         A        10            15.5
2         C         8            12.0
4         B         7            18.0
```

Ejercicio 82 : Identificar Valores Nulos en el DataFrame

Supongamos que tienes un DataFrame `df_datos` que contiene datos con valores nulos y deseas identificar dónde se encuentran esos valores nulos.

Solución:

```
import pandas as pd
import numpy as np

# Crear el DataFrame de ejemplo con valores nulos
data = {
 'A': [1, 2, np.nan, 4],
 'B': ['x', np.nan, 'y', 'z'],
 'C': [5, 6, 7, np.nan]
}

df_datos = pd.DataFrame(data)

# Identificar valores nulos en el DataFrame
valores_nulos = df_datos.isnull()

# Mostrar el DataFrame de valores nulos
print("Valores nulos en el DataFrame:")
print(valores_nulos)
```

Resultado:

```
Valores nulos en el DataFrame:
       A      B      C
0  False  False  False
1  False   True  False
2   True  False  False
3  False  False   True
```

Ejercicio 83: Eliminar Filas o Columnas con Valores Nulos

Supongamos que tienes un DataFrame `df_datos` que contiene datos con valores nulos y deseas eliminar las filas que contienen al menos un valor nulo.

```
import pandas as pd
import numpy as np

# Crear el DataFrame de ejemplo con valores nulos
data = {
 'A': [1, 2, np.nan, 4],
 'B': ['x', np.nan, 'y', 'z'],
 'C': [5, 6, 7, np.nan]
}

df_datos = pd.DataFrame(data)

# Eliminar filas con valores nulos
df_limpiado = df_datos.dropna()

# Mostrar el DataFrame limpiado
print("DataFrame después de eliminar filas con valores nulos:")
print(df_limpiado)
```

Resultado:

```
DataFrame después de eliminar filas con valores nulos:
     A   B    C
0   1.0  x   5.0
```

En cada uno de estos ejercicios:

- Importamos Pandas como `pd`.
- Creamos un DataFrame de ejemplo para ilustrar la operación.
- Aplicamos la operación deseada (`df[df['columna'] > valor]`, `df.isnull()`, `df.dropna()`) sobre el DataFrame.
- Imprimimos los resultados para verificar el efecto de la operación.

Estos ejercicios te permitirán familiarizarte con estas operaciones comunes en Pandas para filtrar datos, identificar valores nulos y limpiar un DataFrame eliminando filas o columnas con valores nulos. ¡Espero que te sean útiles para tu aprendizaje de Pandas!

Ejercicio 84: Crear Nuevas Columnas en el DataFrame

Supongamos que tienes un DataFrame `df_ventas` que contiene datos de ventas y deseas crear una nueva columna llamada `TotalVentas` que represente el producto entre la cantidad vendida (`Cantidad`) y el precio unitario (`PrecioUnitario`).

Solución:

```
import pandas as pd

# Crear el DataFrame de ejemplo
data = {
 'Producto': ['A', 'B', 'C', 'A', 'B'],
 'Cantidad': [10, 5, 8, 3, 7],
 'PrecioUnitario': [15.5, 20.0, 12.0, 25.0, 18.0]
}

df_ventas = pd.DataFrame(data)

# Crear una nueva columna 'TotalVentas' como producto de
Cantidad y PrecioUnitario
df_ventas['TotalVentas'] = df_ventas['Cantidad'] *
df_ventas['PrecioUnitario']

# Mostrar el DataFrame con la nueva columna
print("DataFrame con nueva columna 'TotalVentas':")
print(df_ventas)
```

Resultado:

```
DataFrame con nueva columna 'TotalVentas':
  Producto  Cantidad  PrecioUnitario  TotalVentas
0        A        10            15.5        155.0
1        B         5            20.0        100.0
2        C         8            12.0         96.0
3        A         3            25.0         75.0
4        B         7            18.0        126.0
```

Ejercicio 85: Aplicar una Función a lo Largo de Filas o Columnas

Supongamos que tienes un DataFrame `df_puntuaciones` que contiene puntuaciones de estudiantes en diferentes asignaturas y deseas calcular la suma de puntuaciones para cada estudiante utilizando `df.apply()`.

Solución:

```
import pandas as pd

# Crear el DataFrame de ejemplo
data = {
 'Estudiante': ['Juan', 'María', 'Carlos', 'Sofía'],
 'Matemáticas': [85, 90, 78, 88],
 'Ciencias': [75, 85, 80, 92],
 'Historia': [88, 82, 90, 85]
}

df_puntuaciones = pd.DataFrame(data)

# Definir una función para calcular la suma de puntuaciones
por estudiante
def suma_puntuaciones(row):
 return row['Matemáticas'] + row['Ciencias'] + row['Historia']

# Aplicar la función a lo largo de las filas del DataFrame
df_puntuaciones['TotalPuntuaciones'] =
df_puntuaciones.apply(suma_puntuaciones, axis=1)

# Mostrar el DataFrame con la columna de totales de
puntuaciones
print("DataFrame con columna 'TotalPuntuaciones':")
print(df_puntuaciones)
```

Resultado:

```
   Estudiante  Matemáticas  Ciencias  Historia  TotalPuntuaciones
0        Juan           85        75        88                248
1       María           90        85        82                257
2      Carlos           78        80        90                248
3       Sofía           88        92        85                265
```

Ejercicio 86: Agrupar Datos y Realizar Operaciones de Agregación

Supongamos que tienes un DataFrame `df_ventas` que contiene datos de ventas por productos y deseas calcular la suma de ventas por producto utilizando `df.groupby()`.

Solución:

```python
import pandas as pd

# Crear el DataFrame de ejemplo
data = {
 'Producto': ['A', 'B', 'A', 'B', 'A'],
 'Cantidad': [10, 5, 8, 3, 7],
 'PrecioUnitario': [15.5, 20.0, 12.0, 25.0, 18.0]
}

df_ventas = pd.DataFrame(data)

# Agrupar datos por producto y calcular la suma de ventas por producto
ventas_por_producto = df_ventas.groupby('Producto')['Cantidad'].sum()

# Mostrar la tabla de ventas por producto
print("Tabla de ventas por producto:")
print(ventas_por_producto)
```

En cada uno de estos ejercicios:

- Importamos Pandas como `pd`.
- Creamos un DataFrame de ejemplo para ilustrar la operación.

- Aplicamos la operación deseada (`df['nueva_columna'] = ...`, `df.apply(...)`, `df.groupby(...)`) sobre el DataFrame.
- Mostramos el DataFrame resultante o el resultado de la operación para verificar su efecto.

Estos ejercicios te permitirán familiarizarte con estas operaciones comunes en Pandas para manipular y analizar datos en un DataFrame. ¡Espero que te sean útiles para tu aprendizaje de Pandas!

Ejercicio 87: Calcular Estadísticas Resumidas sobre Columnas Numéricas

Supongamos que tienes un DataFrame `df_ventas` que contiene datos de ventas y deseas calcular algunas estadísticas resumidas sobre las columnas numéricas, como la media, la suma, el valor mínimo y el valor máximo.

Solución:

```
import pandas as pd

# Crear el DataFrame de ejemplo
data = {
 'Producto': ['A', 'B', 'C', 'A', 'B'],
 'Cantidad': [10, 5, 8, 3, 7],
 'PrecioUnitario': [15.5, 20.0, 12.0, 25.0, 18.0]
}

df_ventas = pd.DataFrame(data)

# Calcular estadísticas resumidas sobre columnas numéricas
media_cantidad = df_ventas['Cantidad'].mean()
suma_cantidad = df_ventas['Cantidad'].sum()
min_precio = df_ventas['PrecioUnitario'].min()
max_precio = df_ventas['PrecioUnitario'].max()

# Mostrar las estadísticas resumidas
print("Media de la cantidad:", media_cantidad)
print("Suma de la cantidad:", suma_cantidad)
print("Precio mínimo:", min_precio)
print("Precio máximo:", max_precio)
```

Ejercicio 88: Calcular la Matriz de Correlación entre Columnas Numéricas

Supongamos que tienes un DataFrame `df_datos` que contiene datos numéricos y deseas calcular la matriz de correlación entre las columnas numéricas.

Solución:

```
import pandas as pd

# Crear el DataFrame de ejemplo
data = {
 'A': [1, 2, 3, 4],
 'B': [2, 4, 6, 8],
 'C': [5, 10, 15, 20]
}

df_datos = pd.DataFrame(data)

# Calcular la matriz de correlación entre columnas numéricas
matriz_correlacion = df_datos.corr()

# Mostrar la matriz de correlación
print("Matriz de correlación:")
print(matriz_correlacion)
```

Ejercicio 89: Valores Únicos Frecuencias de Valores en una Columna

Supongamos que tienes un DataFrame `df_empleados` que contiene datos de empleados y deseas obtener los valores únicos de una columna específica (`Departamento`) y contar la frecuencia de cada valor.

Solución:

```python
import pandas as pd

# Crear el DataFrame de ejemplo
data = {
 'Nombre': ['Juan', 'María', 'Pedro', 'Ana', 'Luis'],
 'Departamento': ['Ventas', 'Recursos Humanos', 'Ventas', 'Tecnología', 'Tecnología']
}

df_empleados = pd.DataFrame(data)

# Obtener valores únicos y contar frecuencias de valores en la columna 'Departamento'
valores_unicos = df_empleados['Departamento'].unique()
frecuencia_valores = df_empleados['Departamento'].value_counts()

# Mostrar los valores únicos y la frecuencia de valores
print("Valores únicos en 'Departamento':", valores_unicos)
print("Frecuencia de valores en 'Departamento':")
print(frecuencia_valores)
```

En cada uno de estos ejercicios:

- Importamos Pandas como `pd`.
- Creamos un DataFrame de ejemplo para ilustrar la operación.
- Aplicamos la operación deseada (`df.mean()`, `df.sum()`, `df.min()`, `df.max()`, `df.corr()`, `df.unique()`, `df.value_counts()`) sobre el DataFrame.

- Mostramos los resultados para verificar el efecto de la operación.

Estos ejercicios te permitirán aprender a calcular estadísticas resumidas, matrices de correlación y obtener valores únicos con frecuencias en un DataFrame utilizando Pandas. ¡Espero que te sean útiles para tu aprendizaje!

Ejercicio 90: Crear Gráficos Básicos con `df.plot()`

Supongamos que tienes un DataFrame `df_ventas` que contiene datos de ventas y deseas crear un gráfico de línea para visualizar las ventas a lo largo del tiempo.

Solución:

```
import pandas as pd
import matplotlib.pyplot as plt

# Crear el DataFrame de ejemplo
data = {
 'Fecha': ['2022-01-01', '2022-01-02', '2022-01-03', 
'2022-01-04', '2022-01-05'],
 'Ventas': [100, 150, 120, 200, 180]
}

df_ventas = pd.DataFrame(data)

# Convertir la columna 'Fecha' a tipo datetime
df_ventas['Fecha'] = pd.to_datetime(df_ventas['Fecha'])

# Establecer la columna 'Fecha' como índice del DataFrame
df_ventas.set_index('Fecha', inplace=True)

# Crear un gráfico de línea de las ventas a lo largo del 
tiempo
df_ventas.plot(kind='line', marker='o', linestyle='-', 
color='b', figsize=(10, 6))
plt.title('Ventas a lo largo del tiempo')
plt.xlabel('Fecha')
plt.ylabel('Ventas')
plt.grid(True)
plt.show()
```

Resultado:

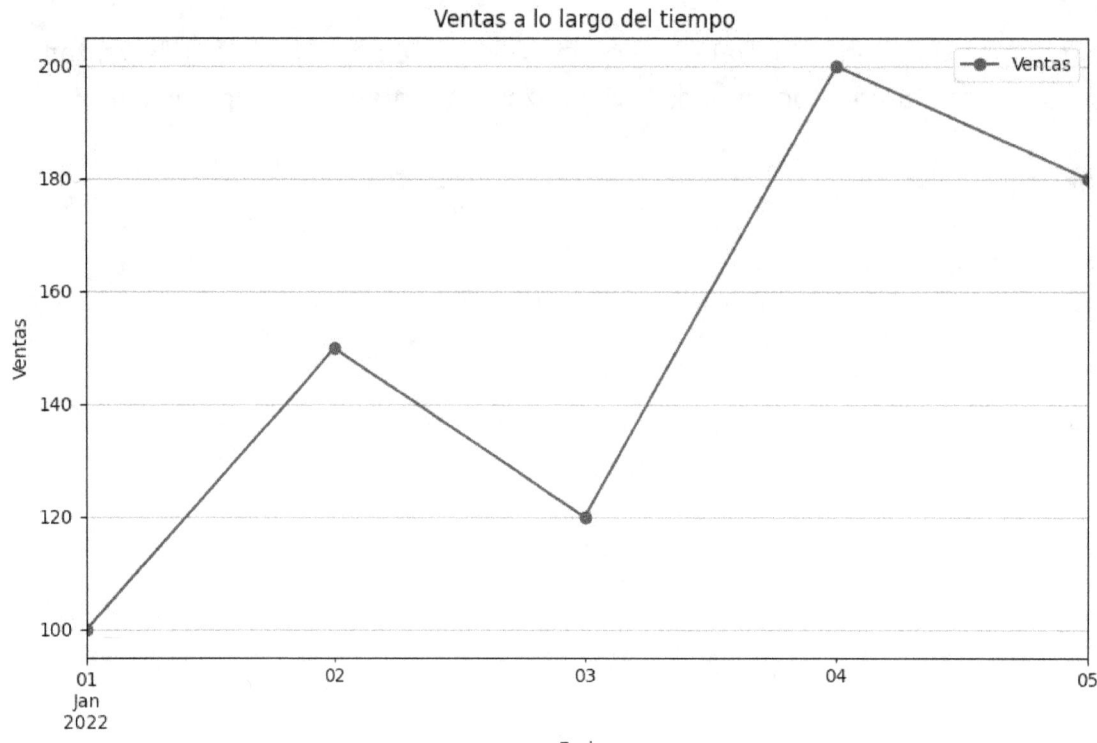

Ejercicio 91: Crear Histogramas y Gráficos de Caja con `df.hist()` y `df.boxplot()`

Supongamos que tienes un DataFrame `df_datos` que contiene datos numéricos y deseas visualizar la distribución de una variable numérica utilizando un histograma y un gráfico de caja.

Solución:

```
import pandas as pd
import matplotlib.pyplot as plt

# Crear el DataFrame de ejemplo
data = {
 'A': [1, 2, 3, 4, 5, 6, 7, 8, 9, 10]
}

df_datos = pd.DataFrame(data)

# Crear un histograma de la variable 'A'
df_datos.hist(column='A', bins=5, figsize=(8, 6))
plt.title('Distribución de la variable A')
plt.xlabel('Valor de A')
plt.ylabel('Frecuencia')
plt.grid(False)
plt.show()

# Crear un gráfico de caja de la variable 'A'
df_datos.boxplot(column='A', figsize=(6, 8))
plt.title('Diagrama de caja de la variable A')
plt.ylabel('Valor de A')
plt.grid(False)
plt.show()
```

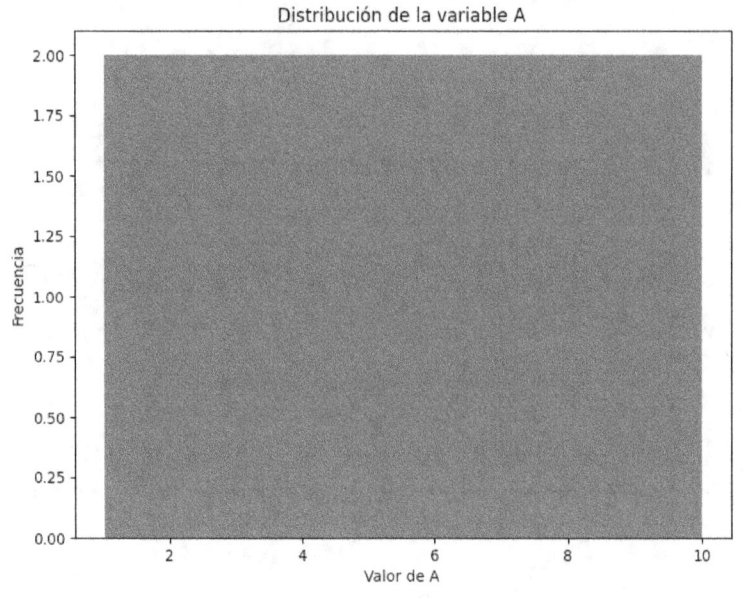

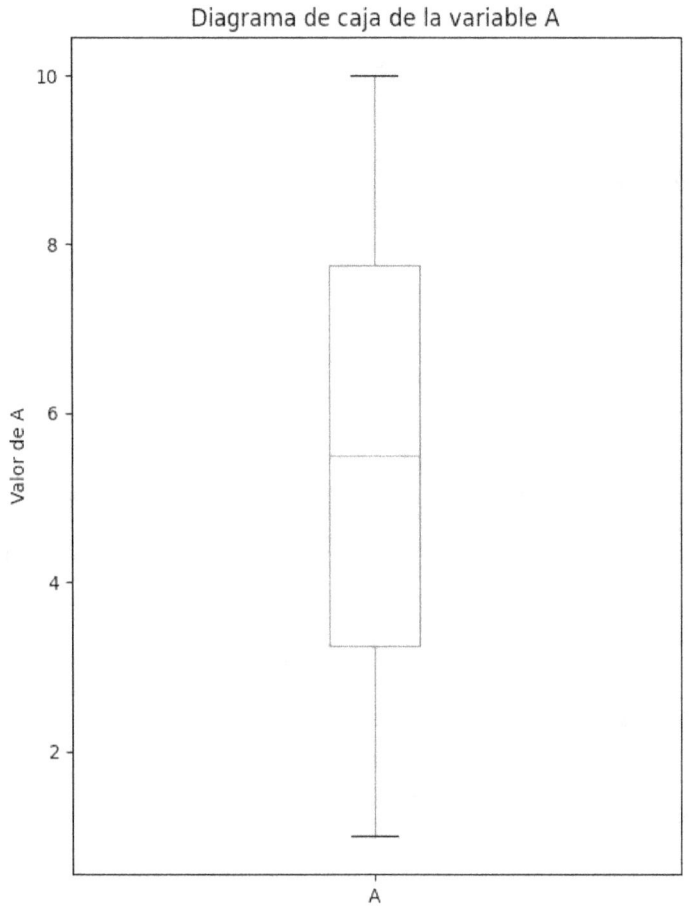

Ejercicio 92: Integración con Seaborn y Plotly para Visualizaciones Más Avanzadas

Supongamos que tienes un DataFrame `df_iris` que contiene datos del conjunto de datos Iris y deseas crear visualizaciones más avanzadas utilizando Seaborn y Plotly.

```python
import pandas as pd
import seaborn as sns
import matplotlib.pyplot as plt  # Importar matplotlib.pyplot para usar funciones de visualización

# Cargar el conjunto de datos Iris de Seaborn
df_iris = sns.load_dataset('iris')

# Crear un gráfico de dispersión de las características 'sepal_length' y 'sepal_width' con Seaborn
sns.scatterplot(data=df_iris, x='sepal_length', y='sepal_width', hue='species')
plt.title('Gráfico de dispersión de longitud vs. ancho de sépalo')  # Establecer título utilizando plt.title()
plt.show()

# Crear un gráfico de dispersión interactivo de las características 'petal_length' y 'petal_width' con Plotly
import plotly.express as px
```

```
fig = px.scatter(df_iris, x='petal_length', y='petal_width',
color='species', title='Gráfico de dispersión interactivo de
longitud vs. ancho de pétalo')
fig.show()
```

Resultado:

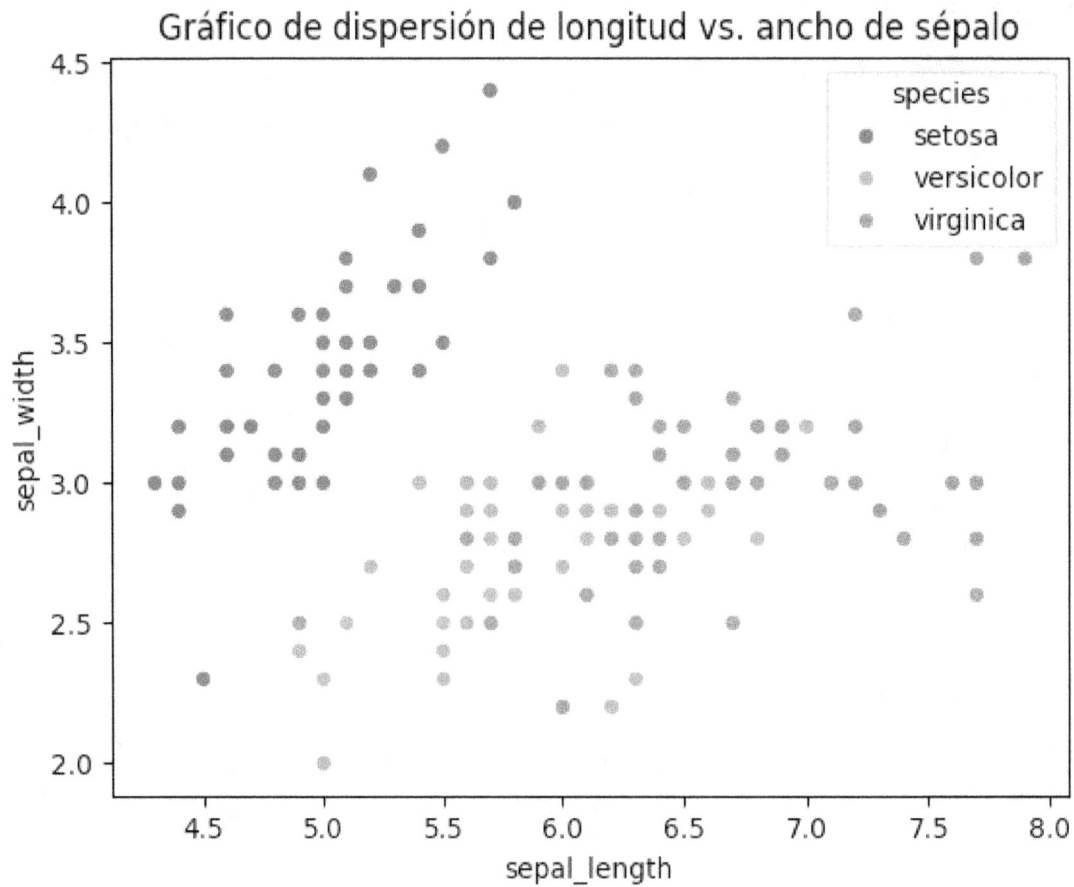

Gráfico de dispersión interactivo de longitud vs. ancho de pétalo

En estos ejercicios:

- Importamos Pandas como `pd` y otras bibliotecas necesarias como Matplotlib (`plt`), Seaborn (`sns`), y Plotly (`px`).
- Creamos DataFrames de ejemplo o cargamos conjuntos de datos reales.
- Utilizamos métodos como `df.plot()`, `df.hist()`, `df.boxplot()`, `sns.scatterplot()`, y `px.scatter()` para crear diferentes tipos de gráficos y visualizaciones.
- Añadimos títulos, etiquetas de ejes y otras configuraciones de estilo para mejorar la presentación de los gráficos.

Ejercicio 93: Uso de `drop_duplicates`

Supongamos que tienes un DataFrame `df_ventas` que contiene datos de ventas y deseas eliminar filas duplicadas basadas en la columna `Producto` para mantener únicamente las primeras apariciones de cada producto.

Solución:

```
import pandas as pd

# Crear el DataFrame de ejemplo con filas duplicadas
data = {
  'Producto': ['A', 'B', 'A', 'C', 'B', 'A'],
  'Cantidad': [10, 5, 8, 3, 7, 9],
  'PrecioUnitario': [15.5, 20.0, 12.0, 25.0, 18.0, 14.0]
}

df_ventas = pd.DataFrame(data)

# Mostrar el DataFrame original
print("DataFrame original:")
print(df_ventas)

# Eliminar filas duplicadas basadas en la columna 'Producto'
df_ventas_sin_duplicados = df_ventas.drop_duplicates(subset=['Producto'])

# Mostrar el DataFrame después de eliminar filas duplicadas
print("\nDataFrame después de eliminar filas duplicadas:")
print(df_ventas_sin_duplicados)
```

Resultado:

```
DataFrame original:
  Producto  Cantidad  PrecioUnitario
0        A        10            15.5
1        B         5            20.0
2        A         8            12.0
3        C         3            25.0
4        B         7            18.0
5        A         9            14.0

DataFrame después de eliminar filas duplicadas:
  Producto  Cantidad  PrecioUnitario
0        A        10            15.5
1        B         5            20.0
3        C         3            25.0
```

En este ejercicio:

- Creamos un DataFrame de ejemplo `df_ventas` que contiene filas duplicadas en la columna `Producto`.
- Utilizamos `df.drop_duplicates(subset=['Producto'])` para eliminar filas duplicadas basadas únicamente en los valores de la columna `Producto`.
- El argumento `subset=['Producto']` especifica la columna (o columnas) en las cuales buscar duplicados. En este caso, solo consideramos la columna `Producto`.
- El DataFrame resultante `df_ventas_sin_duplicados` contiene solo las primeras apariciones de cada producto, eliminando las filas duplicadas.

Este es un ejemplo básico de cómo utilizar `drop_duplicates` para limpiar un DataFrame eliminando filas duplicadas en función de valores específicos de columnas. Puedes ajustar el uso de este método según tus necesidades, especificando las columnas relevantes para la identificación de duplicados en tu DataFrame.

Ejercicio 94: Uso de `equals`

A continuación, te mostraré un ejemplo de cómo utilizar el método `equals` para comparar dos DataFrames y verificar si son iguales.

Supongamos que tenemos dos DataFrames, `df1` y `df2`, y queremos verificar si son iguales:

Solución:

```
import pandas as pd

# Crear DataFrame df1
data1 = {
 'A': [1, 2, 3],
 'B': ['a', 'b', 'c']
}

df1 = pd.DataFrame(data1)

# Crear DataFrame df2 con los mismos datos que df1
df2 = pd.DataFrame(data1)

# Crear DataFrame df3 con datos ligeramente diferentes a df1
data3 = {
 'A': [1, 2, 3],
 'B': ['a', 'b', 'd'] # La última fila tiene 'd' en lugar de 'c'
}

df3 = pd.DataFrame(data3)

# Verificar si df1 es igual a df2
if df1.equals(df2):
 print("df1 es igual a df2")
else:
 print("df1 no es igual a df2")

# Verificar si df1 es igual a df3
if df1.equals(df3):
```

```
    print("df1 es igual a df3")
else:
 print("df1 no es igual a df3")
```

Resultado:

```
df1 es igual a df2
df1 no es igual a df3
```

En este ejemplo:

- Creamos dos DataFrames, `df1` y `df2`, que contienen los mismos datos.
- Luego, creamos un tercer DataFrame, `df3`, que es similar a `df1` pero tiene un valor diferente en una celda.
- Usamos el método `equals` para comparar `df1` con `df2` y `df1` con `df3`.
- El primer caso (`df1.equals(df2)`) devuelve `True` porque `df1` y `df2` contienen los mismos datos.
- El segundo caso (`df1.equals(df3)`) devuelve `False` porque `df1` y `df3` son diferentes debido a una celda con un valor diferente en `df3`.

Este ejercicio ilustra cómo utilizar el método `equals` para verificar la igualdad entre dos DataFrames en Pandas. Puedes aplicar este método para comparar DataFrames y determinar si son idénticos o diferentes según tus necesidades.

Ejercicio 95: Uso de `lambda` en Pandas

En Pandas, las funciones `lambda` se pueden utilizar en combinación con métodos como `apply`, `map` y `applymap` para aplicar operaciones personalizadas a los datos en un DataFrame o una Serie. A continuación te mostraré ejemplos de cómo puedes utilizar `lambda` en Pandas.

Ejemplo 1: Utilizando `lambda` con `apply`

Supongamos que tienes un DataFrame `df` que contiene una columna llamada `Precio` y quieres aplicar una función lambda para calcular el precio con un descuento del 10%.

Solución:

```
import pandas as pd

# Crear DataFrame de ejemplo
data = {
 'Producto': ['A', 'B', 'C'],
 'Precio': [100, 150, 200]
}

df = pd.DataFrame(data)

# Aplicar función lambda para calcular el precio con descuento del 10%
df['Precio_con_Descuento'] = df['Precio'].apply(lambda x: x * 0.9)

print(df)
```

Solución:

```
   Producto   Precio   Precio_con_Descuento
0      A       100              90.0
1      B       150             135.0
2      C       200             180.0
```

En este ejemplo, la función `lambda x: x * 0.9` se utiliza dentro de `apply` para aplicar un descuento del 10% a cada valor en la columna `Precio`. La función `lambda` toma un argumento `x` (cada valor en la columna `Precio`) y devuelve `x * 0.9` (el valor con un descuento del 10%).

Ejercicio 96: Utilizando `lambda` con `map`

Supongamos que tienes una Serie s que contiene nombres en minúsculas y quieres convertir todos los nombres a mayúsculas utilizando una función lambda con `map`.

Solución:

```
import pandas as pd

# Crear Serie de ejemplo
s = pd.Series(['juan', 'maría', 'pedro'])

# Aplicar función lambda para convertir nombres a mayúsculas
s_upper = s.map(lambda x: x.upper())

print(s_upper)
```

Resultado:

```
0     JUAN
1     MARÍA
2     PEDRO
dtype: object
```

En este ejemplo, la función `lambda x: x.upper()` se utiliza dentro de `map` para aplicar `upper()` a cada elemento en la Serie s, convirtiendo así todos los nombres a mayúsculas.

Estos son solo algunos ejemplos básicos de cómo puedes utilizar `lambda` en combinación con Pandas para aplicar operaciones personalizadas de manera eficiente y concisa. Las funciones `lambda` son útiles para tareas simples y rápidas que no requieren la definición completa de una función con `def`. Sin embargo, es importante tener en cuenta que las funciones `lambda` son limitadas en cuanto a su complejidad y generalmente se utilizan para expresiones simples.

Ejercicio 97: Uso de `select_dtypes`

El método `select_dtypes` se utiliza para seleccionar columnas del DataFrame que coincidan con ciertos tipos de datos. Puedes especificar los tipos de datos que deseas incluir o excluir utilizando los parámetros `include` y `exclude`.

Sintaxis Básica

```
df.select_dtypes(include=None, exclude=None)
```

- `include`: Lista de tipos de datos para incluir. Pueden ser `number` (números), `object` (cadenas de texto), `datetime` (fechas y horas), `timedelta` (diferencias de tiempo) u otros tipos de datos.
- `exclude`: Lista de tipos de datos para excluir.

Ejemplos de Uso

Supongamos que tenemos un DataFrame `df` con columnas de diferentes tipos de datos y queremos seleccionar solo las columnas numéricas.

Solución:

```
import pandas as pd

# Crear DataFrame de ejemplo
data = {
 'Nombre': ['Juan', 'María', 'Pedro'],
 'Edad': [30, 25, 35],
 'Altura': [175.5, 162.0, 180.3],
 'Peso': [70.0, 55.5, 85.2],
 'FechaRegistro': ['2022-01-01', '2022-02-01', '2022-03-01']
}

df = pd.DataFrame(data)
```

```
# Seleccionar solo columnas numéricas (tipo 'number')
df_numericas = df.select_dtypes(include='number')

print("Columnas numéricas:")
print(df_numericas)
```

Resultado:

```
Columnas numéricas:
   Edad  Altura  Peso
0    30   175.5  70.0
1    25   162.0  55.5
2    35   180.3  85.2
```

En este ejemplo, `df.select_dtypes(include='number')` selecciona solo las columnas que tienen tipos de datos numéricos (enteros o flotantes).

También puedes usar `exclude` para seleccionar todas las columnas excepto las de ciertos tipos de datos. Por ejemplo, si deseas excluir las columnas de tipo `object` (cadenas de texto):

```
# Seleccionar todas las columnas excepto las de tipo 'object'
df_no_objetos = df.select_dtypes(exclude='object')

print("Columnas sin tipo 'object':")
print(df_no_objetos)
```

En este caso, `df.select_dtypes(exclude='object')` selecciona todas las columnas excepto aquellas que tienen tipos de datos de `object`.

Notas Adicionales

- Los tipos de datos disponibles para usar con `select_dtypes` incluyen `'number'`, `'object'`, `'datetime'`, `'timedelta'`, entre otros. Puedes consultar la documentación de Pandas para obtener la lista completa de tipos de datos.
- El método `select_dtypes` es útil para filtrar columnas en un DataFrame basándose en los tipos de datos específicos que deseas trabajar en tus análisis o manipulaciones de datos. Te permite trabajar de manera más eficiente con conjuntos de datos grandes seleccionando solo las columnas relevantes.

Ejercicio 98: Uso de `pandas.apply()`

El método `apply()` se puede usar de diferentes maneras dependiendo de la estructura de los datos y el tipo de operación que deseas realizar. Aquí te presento algunos ejemplos de cómo puedes usar `apply()` en Pandas.

Ejemplo 1: Aplicar una Función a una Serie

Supongamos que tienes una Serie s que contiene valores numéricos y quieres aplicar una función para calcular el cuadrado de cada valor.

Solución:

```
import pandas as pd

# Crear una Serie de ejemplo
s = pd.Series([1, 2, 3, 4, 5])

# Definir una función para calcular el cuadrado de un número
def calcular_cuadrado(x):
 return x ** 2

# Aplicar la función a cada elemento de la Serie usando apply()
s_cuadrado = s.apply(calcular_cuadrado)

print("Serie original:")
print(s)

print("\nSerie con cada elemento elevado al cuadrado:")
print(s_cuadrado)
```

Resultado:

```
Serie original:
0    1
1    2
2    3
3    4
4    5
dtype: int64

Serie con cada elemento elevado al cuadrado:
0     1
1     4
2     9
3    16
4    25
```

En este ejemplo, definimos la función `calcular_cuadrado(x)` que toma un número `x` como entrada y devuelve su cuadrado (`x ** 2`). Luego, usamos `s.apply(calcular_cuadrado)` para aplicar esta función a cada elemento de la Serie `s`, lo que resulta en una nueva Serie `s_cuadrado` donde cada elemento está elevado al cuadrado.

Ejercicio 99: Aplicar una Función a un DataFrame por Filas o Columnas

Supongamos que tienes un DataFrame `df` con datos numéricos y quieres aplicar una función de suma por filas o por columnas.

Solución:

```
import pandas as pd

# Crear un DataFrame de ejemplo
data = {
 'A': [1, 2, 3],
 'B': [4, 5, 6],
 'C': [7, 8, 9]
}

df = pd.DataFrame(data)

# Definir una función para sumar una fila o una columna
def suma_fila_o_columna(x):
 return x.sum()

# Aplicar la función a cada columna (eje 0) para calcular la suma por columna
suma_por_columna = df.apply(suma_fila_o_columna, axis=0)

# Aplicar la función a cada fila (eje 1) para calcular la suma por fila
suma_por_fila = df.apply(suma_fila_o_columna, axis=1)

print("DataFrame original:")
print(df)

print("\nSuma por columna:")
print(suma_por_columna)

print("\nSuma por fila:")
```

```
print(suma_por_fila)
```

Resultado:

```
DataFrame original:
   A  B  C
0  1  4  7
1  2  5  8
2  3  6  9

Suma por columna:
A     6
B    15
C    24
dtype: int64

Suma por fila:
0    12
1    15
2    18
dtype: int64
```

En este ejemplo, definimos la función `suma_fila_o_columna(x)` que toma una Serie `x` como entrada y devuelve la suma de sus elementos (`x.sum()`). Usamos `df.apply(suma_fila_o_columna, axis=0)` para aplicar esta función a cada columna del DataFrame `df` (eje 0), calculando así la suma por columna. También usamos `df.apply(suma_fila_o_columna, axis=1)` para aplicar la función a cada fila del DataFrame (eje 1), calculando la suma por fila.

Consideraciones Adicionales

- El parámetro `axis` en `apply()` especifica el eje a lo largo del cual se aplicará la función. Un valor de `0` indica aplicar la función a cada columna, mientras que un valor de `1` indica aplicar la función a cada fila.
- Puedes utilizar funciones definidas por el usuario o funciones lambda con `apply()` para realizar operaciones personalizadas en los datos.
- `apply()` es una herramienta poderosa en Pandas que te permite realizar transformaciones flexibles en los datos de forma eficiente. Sin embargo, ten en cuenta que puede ser menos eficiente que utilizar métodos vectorizados de Pandas (como `df['columna'].apply(func)`). Siempre es recomendable explorar las opciones vectorizadas de Pandas primero antes de recurrir a `apply()` para operaciones más complejas.

Ejercicio 100: Uso de `value_counts()`

Ejemplo 1: Contar Ocurrencias de Valores en una Serie

Supongamos que tienes una Serie s que contiene datos categóricos y quieres contar las ocurrencias de cada valor único en la Serie.

Solución:

```
import pandas as pd

# Crear una Serie de ejemplo
s = pd.Series(['a', 'b', 'a', 'c', 'b', 'a', 'a', 'c', 'c'])

# Contar las ocurrencias de cada valor único en la Serie
usando value_counts()
conteo_valores = s.value_counts()

print("Serie original:")
print(s)

print("\nConteo de ocurrencias de cada valor único:")
print(conteo_valores)
```

Resultado:

```
Conteo de ocurrencias de cada valor único:
a    4
c    3
b    2
Name: count, dtype: int64
```

En este ejemplo, `s.value_counts()` cuenta las ocurrencias de cada valor único en la Serie `s` y devuelve un objeto `Series` donde cada índice representa un valor único y cada valor representa el número de ocurrencias de ese valor en la Serie.

Ejemplo 101: Obtener Frecuencias Relativas (porcentajes) de Valores

Puedes obtener las frecuencias relativas (porcentajes) de los valores únicos en lugar de contar el número de ocurrencias utilizando el parámetro `normalize=True`.

Solución:

```
import pandas as pd

# Crear una Serie de ejemplo
s = pd.Series(['a', 'b', 'a', 'c', 'b', 'a', 'a', 'c', 'c'])

# Obtener las frecuencias relativas de cada valor único en la 
Serie usando value_counts(normalize=True)
frecuencias_relativas = s.value_counts(normalize=True)

print("Serie original:")
print(s)

print("\nFrecuencias relativas de cada valor único:")
print(frecuencias_relativas)
```

En este ejemplo, `s.value_counts(normalize=True)` devuelve las frecuencias relativas de cada valor único en la Serie `s`, es decir, el porcentaje de ocurrencias de cada valor con respecto al total de valores en la Serie.

Consideraciones Adicionales

- El método `value_counts()` es útil para analizar la distribución de valores en una Serie y entender la composición de los datos.
- Puedes utilizar `value_counts()` en combinación con otros métodos de Pandas, como filtrado y selección, para realizar análisis más detallados.
- También puedes aplicar `value_counts()` directamente a una columna de un DataFrame para contar las ocurrencias de valores en esa columna específica.

En resumen, `value_counts()` es una función fundamental en Pandas que te permite realizar un análisis rápido y eficiente de la distribución de valores en tus datos, lo que es crucial para comprender la naturaleza y las características de tus conjuntos de datos.

Ejercicio 102: Uso de método `.dot()`

El método `.dot()` se puede usar de diferentes maneras dependiendo de los objetos involucrados (DataFrame, Series u otro objeto compatible) y la dirección en la que se desea realizar el producto punto.

Ejemplo 1: Producto Punto entre Series

Supongamos que tienes dos Series `s1` y `s2` y quieres calcular su producto punto.

Solución:

```
import pandas as pd

# Crear dos Series de ejemplo
s1 = pd.Series([1, 2, 3])
s2 = pd.Series([4, 5, 6])

# Calcular el producto punto entre las dos Series usando .dot()
producto_punto = s1.dot(s2)

print("Serie 1:")
print(s1)

print("\nSerie 2:")
print(s2)

print("\nProducto punto entre las dos Series:")
print(producto_punto)
```

Resultado:

```
Serie 1:
0    1
1    2
2    3
dtype: int64

Serie 2:
0    4
1    5
2    6
dtype: int64

Producto punto entre las dos Series:
32
```

En este ejemplo, `s1.dot(s2)` calcula el producto punto entre las Series `s1` y `s2`. Esto se realiza multiplicando elemento por elemento y sumando los resultados, es decir, `1*4 + 2*5 + 3*6 = 4 + 10 + 18 = 32`.

Ejemplo 103: Producto Punto entre DataFrame y Serie

Supongamos que tienes un DataFrame `df` y una Serie `s` y quieres calcular el producto punto entre una fila específica del DataFrame y la Serie.

Solución:

```
import pandas as pd

# Crear un DataFrame de ejemplo
data = {
    'A': [1, 2, 3],
    'B': [4, 5, 6],
    'C': [7, 8, 9]
}
df = pd.DataFrame(data)

# Crear una Serie de ejemplo con el mismo número de elementos que las columnas del DataFrame
s = pd.Series([0.1, 0.2, 0.3], index=['A', 'B', 'C'])  # Índices deben coincidir con las columnas de df

# Verificar la orientación de la fila del DataFrame (debe ser una Serie horizontal)
print("Fila del DataFrame:")
print(df.iloc[0])  # Imprime la primera fila del DataFrame

# Verificar la Serie
```

```
print("\nSerie:")
print(s)   # Imprime la Serie

# Calcular el producto punto entre la primera fila del DataFrame y la Serie usando .dot()
try:
    producto_punto_fila = df.iloc[0].dot(s)
    print("\nProducto punto entre la primera fila del DataFrame y la Serie:")
    print(producto_punto_fila)   # Imprime el resultado del producto punto
except ValueError as e:
    print("\nError:", e)   # Imprime el mensaje de error si ocurre un problema de alineación
```

Resultado:

```
Fila del DataFrame:
A    1
B    4
C    7
Name: 0, dtype: int64

Serie:
A    0.1
B    0.2
C    0.3
dtype: float64

Producto punto entre la primera fila del DataFrame y la Serie:
3.0
```

En este ejemplo, `df.iloc[0].dot(s)` calcula el producto punto entre la primera fila del DataFrame `df` (seleccionada con `df.iloc[0]`) y la Serie `s`. Esto se realiza multiplicando elemento por elemento y sumando los resultados.

Consideraciones Adicionales
- El método `.dot()` es útil para realizar cálculos de productos punto entre objetos de datos en Pandas.
- Puedes usar `.dot()` para realizar operaciones matriciales o para calcular combinaciones lineales de datos en un análisis numérico.
- Asegúrate de que las dimensiones y los tipos de datos de los objetos involucrados sean compatibles para realizar el producto punto correctamente.

En resumen, `.dot()` es un método esencial en Pandas que te permite calcular el producto punto entre objetos de datos, lo que puede ser útil en una variedad de contextos, como cálculos vectoriales y operaciones matriciales.

Ejercicio 104: Dataframe con Operaciones Básicas

Aquí tienes un ejercicio básico donde se utiliza Pandas para cargar datos desde un archivo CSV, realizar operaciones simples y mostrar información básica sobre los datos:

Supongamos que tienes un archivo CSV llamado "datos.csv" con la siguiente estructura:

```
Nombre,Edad,Ciudad

Ana,25,Madrid

Juan,30,Barcelona

María,28,Sevilla

Pedro,22,Valencia
```

El ejercicio consistirá en cargar estos datos en un DataFrame, realizar algunas operaciones básicas y mostrar información sobre ellos.

Solución:

```
import pandas as pd


# Cargar el archivo CSV en un DataFrame

df = pd.read_csv('datos.csv')
```

```python
# Mostrar las primeras filas del DataFrame
print("Primeras filas de datos:")
print(df.head())

# Mostrar información básica sobre el DataFrame
print("\nInformación del DataFrame:")
print(df.info())

# Mostrar estadísticas descriptivas básicas de las columnas numéricas
print("\nEstadísticas descriptivas de las edades:")
print(df['Edad'].describe())

# Contar la cantidad de personas por ciudad
print("\nCantidad de personas por ciudad:")
print(df['Ciudad'].value_counts())
```

Este ejercicio carga los datos desde un archivo CSV, muestra las primeras filas del DataFrame, información sobre las columnas y estadísticas descriptivas básicas de la columna 'Edad'. Además, cuenta la cantidad de personas por ciudad en el conjunto de datos.

Ejercicio 105: Creación de Dataframe y Operaciones Básicas

Supongamos que tenemos datos ficticios sobre ventas de productos en una tienda. Creamos un DataFrame con estos datos y realizamos algunas operaciones básicas.

Solución:

```
import pandas as pd

# Datos ficticios de ventas

datos_ventas = {
  'Producto': ['A', 'B', 'C', 'A', 'B'],
  'Cantidad': [10, 15, 8, 12, 9],
  'Precio_unitario': [20, 25, 18, 22, 27]
}

# Crear un DataFrame con los datos de ventas
df_ventas = pd.DataFrame(datos_ventas)
```

```python
# Mostrar las primeras filas del DataFrame
print("Datos de ventas:")
print(df_ventas)

# Calcular el total de ventas por producto (cantidad * precio unitario)
df_ventas['Total'] = df_ventas['Cantidad'] * df_ventas['Precio_unitario']

# Mostrar el total de ventas por producto
print("\nTotal de ventas por producto:")
print(df_ventas.groupby('Producto')['Total'].sum())

# Calcular el total general de ventas
total_general = df_ventas['Total'].sum()
print("\nTotal general de ventas:", total_general)
```

Resultado:

```
Datos de ventas:
   Producto  Cantidad  Precio_unitario
0         A        10               20
1         B        15               25
2         C         8               18
3         A        12               22
4         B         9               27

Total de ventas por producto:
Producto
A    464
B    618
C    144
Name: Total, dtype: int64

Total general de ventas: 1226
```

Este ejercicio crea un DataFrame con datos ficticios de ventas de productos. Calcula el total de ventas por producto multiplicando la cantidad vendida por el precio unitario y luego muestra el total de ventas por producto y el total general de ventas.

Ejercicio 106: Ventas Indexadas y Descuento 10%

Escribir un programa usando Pandas que pregunte al usuario por las ventas de un rango de años y muestre por pantalla una serie con los datos de las ventas indexada por los años, antes y después de aplicarles un descuento del 10%.

Solución:

```
import pandas as pd

# Crear un diccionario con las ventas por año
datos_ventas = {
    'Año': [2018, 2019, 2020, 2021, 2022],
    'Ventas': [100, 150, 200, 180, 250]
}

# Crear un DataFrame a partir del diccionario
df_ventas = pd.DataFrame(datos_ventas)

# Pedir al usuario el rango de años
```

```python
inicio = int(input("Ingrese el año inicial: "))
fin = int(input("Ingrese el año final: "))


# Filtrar el DataFrame por el rango de años ingresado por el usuario
ventas_rango = df_ventas[(df_ventas['Año'] >= inicio) & (df_ventas['Año'] <= fin)]


# Establecer el año como índice y calcular las ventas con descuento del 10%
ventas_rango = ventas_rango.set_index('Año')
ventas_descuento = ventas_rango * 0.9


# Mostrar por pantalla las ventas antes y después del descuento
print("\nVentas antes del descuento del 10%:")
print(ventas_rango)
print("\nVentas después del descuento del 10%:")
print(ventas_descuento)
```

Resultado:

```
Ingrese el año inicial: 2022
Ingrese el año final: 2023


Ventas antes del descuento del 10%:
```

```
        Ventas
Año
2022    250
```

Ventas después del descuento del 10%:
```
        Ventas
Año
2022    225.0
```

Este código crea un DataFrame con datos de ventas por año, solicita al usuario un rango de años, filtra las ventas dentro de ese rango, establece el año como índice y luego calcula las ventas después de aplicarles un descuento del 10%. Finalmente, muestra por pantalla las ventas antes y después del descuento para el rango de años proporcionado por el usuario.

Ejercicio 107: Análisis de Ventas e Inventario

Imagina que tienes dos archivos CSV, uno contiene información sobre ventas de productos y otro contiene información sobre el inventario de esos productos. Puedes combinar estos archivos utilizando Pandas para obtener una visión más completa. Aquí tienes un ejemplo:

Supongamos que tienes dos archivos CSV: "ventas.csv" y "inventario.csv".

```
ventas.csv:

Producto,Ventas

A,100

B,150

C,80

inventario.csv:

Producto,Stock

A,50

B,75

C,60
```

El ejercicio combinará estos dos archivos CSV utilizando Pandas y mostrará la información combinada de ventas e inventario.

Solución:

```
import pandas as pd

# Cargar los archivos CSV en DataFrames
df_ventas = pd.read_csv('ventas.csv')
df_inventario = pd.read_csv('inventario.csv')
# Combinar los DataFrames utilizando la columna 'Producto'
df_combinado = pd.merge(df_ventas, df_inventario, on='Producto')
# Mostrar el DataFrame combinado
print("Información combinada de ventas e inventario:")
print(df_combinado)
# Calcular el valor total del inventario por producto (ventas * stock)
df_combinado['Valor_Inventario'] = df_combinado['Ventas'] * df_combinado['Stock']
# Mostrar el valor total del inventario por producto
print("\nValor total del inventario por producto:")
print(df_combinado[['Producto', 'Valor_Inventario']])
```

Este ejercicio carga los datos de ventas e inventario desde dos archivos CSV diferentes, los combina utilizando la columna 'Producto' y muestra la información combinada. Luego, calcula el valor total del inventario por producto (ventas * stock) y muestra esta información.

Ejercicio 108: Análisis de Rendimiento Mensual

Supongamos que tienes dos archivos CSV: uno con información sobre ventas mensuales y otro con información sobre gastos mensuales. Vamos a combinar estos conjuntos de datos para analizar el rendimiento mensual.

ventas.csv:

```
Mes,Ventas
Enero,1000
Febrero,1500
Marzo,1200
```

gastos.csv:

```
Mes,Gastos
Enero,600
Febrero,800
Marzo,700
```

Este ejercicio combinará los datos de ventas y gastos para obtener una visión mensual completa.

Solución:

```python
import pandas as pd

# Cargar los archivos CSV en DataFrames
df_ventas = pd.read_csv('ventas.csv')
df_gastos = pd.read_csv('gastos.csv')

# Combinar los DataFrames utilizando la columna 'Mes'
df_combinado = pd.merge(df_ventas, df_gastos, on='Mes')

# Mostrar el DataFrame combinado
print("Información combinada de ventas y gastos:")
print(df_combinado)

# Calcular el beneficio mensual (ventas - gastos)
df_combinado['Beneficio'] = df_combinado['Ventas'] - df_combinado['Gastos']


# Mostrar el beneficio mensual
print("\nBeneficio mensual:")
print(df_combinado[['Mes', 'Beneficio']])
```

Este código carga los datos de ventas y gastos desde dos archivos CSV diferentes, los combina utilizando la columna 'Mes' y muestra la información combinada. Luego, calcula el beneficio mensual (ventas - gastos) y muestra esta información para cada mes.

Ejercicio 109: Combinación de tablas

Supongamos que tenemos cinco archivos CSV, cada uno con información sobre ventas mensuales por año. Vamos a combinarlos para obtener una tabla consolidada con todas las ventas mensuales.

archivo1.csv:

```
Año,Mes,Ventas
2020,Enero,1000
2020,Febrero,1500
2020,Marzo,1200
```

archivo2.csv:

```
Año,Mes,Ventas
2021,Enero,1100
2021,Febrero,1600
2021,Marzo,1300
```

(El formato es el mismo para los otros tres archivos)

El ejercicio combinará los cinco archivos CSV para crear una tabla consolidada con todas las ventas mensuales.

Solución:

```
import pandas as pd

# Lista de nombres de archivos
archivos = ['archivo1.csv', 'archivo2.csv', 'archivo3.csv',
'archivo4.csv', 'archivo5.csv']

# Lista para almacenar los DataFrames de cada archivo
dataframes = []

# Leer cada archivo CSV y almacenarlos en una lista
for archivo in archivos:
 df = pd.read_csv(archivo)
 dataframes.append(df)

# Combinar los DataFrames en un DataFrame único
df_combinado = pd.concat(dataframes)

# Mostrar la tabla consolidada de ventas mensuales
print("Tabla consolidada de ventas mensuales:")
print(df_combinado)
```

Este código lee cada archivo CSV, los almacena en una lista de DataFrames y luego los combina en un único DataFrame usando pd.concat(). El resultado será una tabla consolidada que contiene todas las ventas mensuales de los cinco archivos.

Ejercicio 110: Carga de Datos desde CSV

Tres ejercicios relacionados con la carga de datos en Pandas:

Cargar datos desde un archivo CSV:
Descarga un archivo CSV de algún conjunto de datos abierto en línea (por ejemplo, desde Kaggle) y cárgalo en un DataFrame de Pandas. Luego, utiliza métodos como `head()`, `info()` y `describe()` para explorar y entender la estructura de los datos.

Solución:

```
import pandas as pd

# Cargar datos desde un archivo CSV
df = pd.read_csv('archivo.csv')

# Explorar los datos
print(df.head()) # Muestra las primeras filas
print(df.info()) # Información sobre el DataFrame
print(df.describe()) # Estadísticas descriptivas
```

Cargar datos desde un archivo Excel:

Descarga un archivo Excel con múltiples hojas de datos. Utiliza Pandas para cargar una hoja específica en un DataFrame y realiza algunas operaciones básicas como selección de columnas o cálculo de estadísticas resumidas.

Solución:

```
import pandas as pd

# Cargar datos desde un archivo Excel
df = pd.read_excel('archivo.xlsx', sheet_name='Hoja1')

# Operaciones básicas
print(df.head()) # Muestra las primeras filas
print(df['Columna'].mean()) # Calcula la media de una columna
```

Cargar datos desde un archivo JSON:

Encuentra un archivo JSON con datos estructurados y cárgalo en un DataFrame de Pandas. Explora los datos utilizando métodos de Pandas para acceder a información específica y entender la estructura del JSON.

Solución:

```
import pandas as pd

# Cargar datos desde un archivo JSON
df = pd.read_json('archivo.json')

# Explorar los datos
print(df.head()) # Muestra las primeras filas
print(df['clave'].unique()) # Muestra valores únicos de una clave
```

Estos ejercicios te ayudarán a familiarizarte con la carga de diferentes tipos de archivos (CSV, Excel, JSON) en Pandas y a realizar algunas operaciones básicas para explorar y comprender los datos cargados.

Ejercicio 111: Selección y filtrado de datos

Tres ejercicios relacionados con la selección y filtrado de datos en Pandas:

Practica la selección de filas y columnas específicas utilizando métodos como `loc[]` y `iloc[]`, y realiza filtrados de datos basados en condiciones booleanas.

Selección de columnas específicas:

Carga un conjunto de datos y selecciona solo algunas columnas para explorarlas. Utiliza la notación de corchetes (`[]`) o el método `loc[]` para seleccionar las columnas deseadas.

Solución:

```
import pandas as pd

# Cargar datos desde un archivo CSV
df = pd.read_csv('datos.csv')

# Seleccionar columnas específicas
columnas_seleccionadas = df[['Columna1', 'Columna2', 'Columna3']] # Usando corchetes
```

```python
# O usando loc[]

columnas_seleccionadas_loc = df.loc[:, ['Columna1',
'Columna2', 'Columna3']]


print(columnas_seleccionadas.head())

print(columnas_seleccionadas_loc.head())
```

Ejercicio 112: Filtrado de Filas

Filtrado de filas basado en condiciones:

Carga un conjunto de datos y filtra las filas que cumplen ciertas condiciones utilizando operadores lógicos como ==, >, <, etc.

Solución:

```python
import pandas as pd

# Cargar datos desde un archivo CSV
df = pd.read_csv('datos.csv')

# Filtrar filas basadas en una condición
datos_filtrados = df[df['Columna'] > 10] # Por ejemplo, filtra filas donde el valor en 'Columna' sea mayor que 10

print(datos_filtrados.head())
```

Ejercicio 113: Filtrado con múltiples condiciones

Filtrado con múltiples condiciones:

Carga un conjunto de datos y filtra las filas que cumplen múltiples condiciones utilizando operadores lógicos (& para "y", | para "o").

Solución:

```
import pandas as pd

# Cargar datos desde un archivo CSV
df = pd.read_csv('datos.csv')

# Filtrar filas con múltiples condiciones
datos_filtrados = df[(df['Columna1'] > 10) & (df['Columna2'] == 'Valor')] # Por ejemplo, dos condiciones

print(datos_filtrados.head())
```

Estos ejercicios te ayudarán a comprender cómo seleccionar columnas específicas y filtrar filas en un DataFrame de Pandas basado en ciertas condiciones.

Ejercicio 114: Limpieza de datos

Tres ejercicios sobre manipulación de datos utilizando Pandas:

Realiza operaciones de limpieza de datos como manejo de valores nulos (`dropna()`, `fillna()`), renombrar columnas (`rename()`), eliminar duplicados (`drop_duplicates()`), entre otros.

Eliminar columnas y filas:

Carga un conjunto de datos y practica eliminando columnas y filas que no sean necesarias para tu análisis. Utiliza `drop()` para eliminar columnas y `dropna()` para eliminar filas con valores nulos.

Solución:

```
import pandas as pd


# Cargar datos desde un archivo CSV
df = pd.read_csv('datos.csv')


# Eliminar columnas específicas
df = df.drop(['Columna1', 'Columna2'], axis=1)  # Elimina las columnas especificadas
```

```python
# Eliminar filas con valores nulos

df_sin_nulos = df.dropna()  # Elimina filas con valores nulos en cualquier columna


print(df_sin_nulos.head())
```

Ejercicio 115: Renombrado de Columnas

Renombrar columnas:

Carga un conjunto de datos y practica renombrando las columnas para hacerlas más descriptivas utilizando el método `rename()`.

Solución:

```
import pandas as pd

# Cargar datos desde un archivo CSV
df = pd.read_csv('datos.csv')

# Renombrar columnas
df = df.rename(columns={'Columna1': 'NuevaColumna1',
'Columna2': 'NuevaColumna2'})

print(df.head())
```

Ejercicio 116: Agregar columna calculada

Agregar una nueva columna calculada:

Carga un conjunto de datos y agrega una nueva columna calculada basada en operaciones con otras columnas existentes.

Solución:

```
import pandas as pd

# Cargar datos desde un archivo CSV
df = pd.read_csv('datos.csv')
# Agregar una nueva columna calculada (por ejemplo, suma de dos columnas)
df['NuevaColumna'] = df['Columna1'] + df['Columna2']
print(df.head())
```

Estos ejercicios te ayudarán a practicar la manipulación de datos en Pandas, incluyendo la eliminación de columnas y filas, renombrado de columnas y creación de nuevas columnas basadas en operaciones con columnas existentes.

Ejercicio 117: Agrupación y agregación de datos

Tres ejercicios sobre agrupación y agregación de datos utilizando Pandas:

Utiliza el método `groupby()` para agrupar datos por una columna específica y aplica funciones de agregación como sumas, promedios, conteos utilizando `sum()`, `mean()`, `count()`.

Agrupación y suma por categoría:

> Carga un conjunto de datos y realiza una operación de suma para una columna específica, agrupando los datos por una categoría.

Solución:

```
import pandas as pd
# Cargar datos desde un archivo CSV
df = pd.read_csv('datos.csv')
# Suma de una columna por categoría
suma_por_categoria = df.groupby('Categoria')['Columna'].sum()
print(suma_por_categoria)
```

Ejercicio 118: Agrupación y conteo

Agrupación y conteo por múltiples categorías:

Carga un conjunto de datos y realiza una operación de conteo, agrupando los datos por múltiples categorías.

Solución:

```
import pandas as pd

# Cargar datos desde un archivo CSV
df = pd.read_csv('datos.csv')

# Conteo por múltiples categorías
conteo_por_categorias = df.groupby(['Categoria1',
'Categoria2']).size().reset_index(name='Conteo')

print(conteo_por_categorias)
```

Ejercicio 119: Agregación con múltiples funciones

Agregación con múltiples funciones:

Carga un conjunto de datos y realiza operaciones de agregación con múltiples funciones (por ejemplo, suma y promedio) para columnas específicas.

Solución:

```
import pandas as pd

# Cargar datos desde un archivo CSV
df = pd.read_csv('datos.csv')

# Agregación con múltiples funciones
agregacion_multiple = df.groupby('Categoria').agg({'Columna1': 'sum', 'Columna2': 'mean'})

print(agregacion_multiple)
```

Estos ejercicios te permitirán practicar la agrupación y agregación de datos utilizando Pandas, lo que te ayudará a realizar operaciones de resumen y análisis sobre diferentes categorías de datos en tus conjuntos de datos.

Ejercicio 120: Combinación de Dataframes

Tres ejercicios para practicar la combinación de DataFrames en Pandas:

Prueba a fusionar, concatenar o combinar varios DataFrames utilizando métodos como `merge()`, `concat()` o `join()` para consolidar datos de diferentes fuentes.

Concatenación de DataFrames:

Crea dos DataFrames con columnas coincidentes y concaténalos, ya sea a lo largo de filas o columnas.

Solución:

```
import pandas as pd

# Crear DataFrames
df1 = pd.DataFrame({'A': [1, 2, 3], 'B': [4, 5, 6]})
df2 = pd.DataFrame({'A': [7, 8, 9], 'B': [10, 11, 12]})

# Concatenar a lo largo de filas
resultado_filas = pd.concat([df1, df2])

# Concatenar a lo largo de columnas
resultado_columnas = pd.concat([df1, df2], axis=1)
```

```
print(resultado_filas)

print(resultado_columnas)
```

Ejercicio 121: Combinación de Dataframes por clave

Combinación de DataFrames por clave:

Carga dos DataFrames con una columna clave común y realiza una combinación utilizando `merge()`.

Solución:

```
import pandas as pd

# Crear DataFrames
df1 = pd.DataFrame({'clave': ['A', 'B', 'C'], 'valor1': [1, 2, 3]})
df2 = pd.DataFrame({'clave': ['B', 'C', 'D'], 'valor2': [4, 5, 6]})

# Combinar DataFrames por clave
resultado_combinacion = pd.merge(df1, df2, on='clave')

print(resultado_combinacion)
```

Ejercicio 122: Unión de Dataframes por índice

Unión de DataFrames por índice:

Carga dos DataFrames con índices comunes y únelos utilizando `join()`.

Solución:

```
import pandas as pd
# Crear DataFrames con índices
df1 = pd.DataFrame({'A': [1, 2, 3]}, index=['a', 'b', 'c'])
df2 = pd.DataFrame({'B': [4, 5, 6]}, index=['a', 'b', 'd'])

# Unir DataFrames por índice
resultado_union = df1.join(df2, how='inner')

print(resultado_union)
```

Estos ejercicios te permitirán practicar diferentes métodos para combinar DataFrames en Pandas, ya sea concatenándolos, combinándolos por una clave común o uniendo DataFrames por índices.

Ejercicio 123: Análisis Estadístico Básico

Realiza análisis estadísticos básicos utilizando Pandas, como cálculos de media, mediana, desviación estándar, y entiende cómo aplicar estos métodos en diferentes columnas de tu DataFrame.

Cálculo de estadísticas descriptivas:

Carga un conjunto de datos y calcula estadísticas descriptivas básicas como la media, la mediana, la desviación estándar, el máximo y el mínimo para una columna específica.

Solución:

```
import pandas as pd

# Cargar datos desde un archivo CSV
df = pd.read_csv('datos.csv')

# Cálculo de estadísticas descriptivas
media = df['Columna'].mean()
mediana = df['Columna'].median()
desviacion_estandar = df['Columna'].std()
```

```python
valor_maximo = df['Columna'].max()

valor_minimo = df['Columna'].min()


print(f"Media: {media}")

print(f"Mediana: {mediana}")

print(f"Desviación estándar: {desviacion_estandar}")

print(f"Valor máximo: {valor_maximo}")

print(f"Valor mínimo: {valor_minimo}")
```

Ejercicio 124: Correlación entre columnas:

Carga un conjunto de datos y calcula la correlación entre dos columnas numéricas utilizando el método `corr()`.

Solución:

```
import pandas as pd

# Cargar datos desde un archivo CSV
df = pd.read_csv('datos.csv')

# Calcular correlación entre dos columnas
correlacion = df['Columna1'].corr(df['Columna2'])

print(f"Correlación entre Columna1 y Columna2: {correlacion}")
```

Conteo y porcentaje de valores únicos:

Carga un conjunto de datos y cuenta los valores únicos en una columna específica, mostrando el conteo y el porcentaje para cada valor.

Solución:

```python
import pandas as pd

# Cargar datos desde un archivo CSV
df = pd.read_csv('datos.csv')

# Conteo y porcentaje de valores únicos en una columna
conteo_valores = df['Columna'].value_counts()
porcentaje_valores = df['Columna'].value_counts(normalize=True) * 100

print("Conteo de valores únicos:")
print(conteo_valores)
print("\nPorcentaje de valores únicos:")
print(porcentaje_valores)
```

Estos ejercicios te ayudarán a practicar el cálculo de estadísticas descriptivas, la correlación entre columnas y el análisis de valores únicos en un conjunto de datos utilizando Pandas.

Ejercicios 125: Transformaciones Avanzadas

Transformaciones avanzadas: Practica con métodos más avanzados como `apply()`, `map()`, `pivot_table()`, y entiende cómo estos métodos pueden ayudarte a transformar y reorganizar tus datos.

tres ejercicios para practicar transformaciones avanzadas con Pandas:

Aplicación de funciones personalizadas a grupos:

Carga un conjunto de datos y aplica una función personalizada a grupos específicos utilizando `groupby()` y `apply()`.

Solución:

```
import pandas as pd

# Cargar datos desde un archivo CSV
df = pd.read_csv('datos.csv')
```

```python
# Definir función personalizada

def funcion_personalizada(x):

    return x - x.mean()


# Aplicar la función a grupos específicos

resultado = df.groupby('Grupo')['Columna'].apply(funcion_personalizada)


print(resultado)
```

Ejercicio 126: Mapeo de valores usando diccionarios:

Carga un conjunto de datos y mapea los valores de una columna utilizando un diccionario con `map()`.

Solución:

```
import pandas as pd

# Cargar datos desde un archivo CSV
df = pd.read_csv('datos.csv')

# Definir diccionario de mapeo
diccionario = {'Valor1': 'A', 'Valor2': 'B', 'Valor3': 'C'}

# Mapear valores utilizando el diccionario
df['NuevaColumna'] = df['Columna'].map(diccionario)

print(df['NuevaColumna'])
```

Ejercicio 127: Aplicación de transformaciones condicionales:

Carga un conjunto de datos y realiza transformaciones condicionales en una columna utilizando `np.where()`.

Solución:

```
import pandas as pd
import numpy as np

# Cargar datos desde un archivo CSV
df = pd.read_csv('datos.csv')

# Aplicar transformación condicional
df['NuevaColumna'] = np.where(df['Columna'] > 10, 'Mayor que 10',
'Menor o igual que 10')

print(df['NuevaColumna'])
```

Estos ejercicios te ayudarán a familiarizarte con las funciones y capacidades de Pandas, permitiéndote manipular, analizar y visualizar datos de manera efectiva. Puedes utilizar conjuntos de datos reales o ficticios para practicar estos ejercicios y mejorar tus habilidades con Pandas.

Ejercicio 128: Análisis de Datos, Ventas y Desempeño de Tiendas

Supongamos que tienes un conjunto de datos que contiene información sobre ventas de productos en diferentes tiendas. Queremos analizar estos datos para obtener insights sobre las ventas y el desempeño de las tiendas.

Supongamos que tienes un archivo CSV llamado "ventas.csv" con el siguiente formato:

```
Tienda,Producto,Fecha,Ventas,Cantidad
A,Producto1,2023-01-01,100,5
B,Producto2,2023-01-02,150,3
A,Producto1,2023-01-02,120,4
B,Producto3,2023-01-03,80,2
C,Producto2,2023-01-01,200,6
```

El ejercicio avanzado involucrará:

- Cargar y limpiar los datos.
- Analizar las ventas totales por tienda y por producto.
- Calcular el promedio de ventas diarias por tienda.
- Visualizar los resultados obtenidos.

Solución:

```python
import pandas as pd
import matplotlib.pyplot as plt

# Cargar los datos y convertir la columna 'Fecha' a tipo datetime
df_ventas = pd.read_csv('ventas.csv', parse_dates=['Fecha'])

# Mostrar información general sobre el DataFrame
print("Información general sobre los datos:")
print(df_ventas.info())

# Calcular las ventas totales por tienda y por producto
ventas_totales_tienda = df_ventas.groupby('Tienda')['Ventas'].sum()
ventas_totales_producto = df_ventas.groupby('Producto')['Ventas'].sum()

print("\nVentas totales por tienda:")
print(ventas_totales_tienda)

print("\nVentas totales por producto:")
print(ventas_totales_producto)

# Calcular el promedio de ventas diarias por tienda
df_ventas['Fecha'] = pd.to_datetime(df_ventas['Fecha']).dt.date
promedio_ventas_diarias = df_ventas.groupby(['Tienda', 'Fecha'])['Ventas'].mean().groupby('Tienda').mean()

print("\nPromedio de ventas diarias por tienda:")
print(promedio_ventas_diarias)

# Visualizar los resultados obtenidos
ventas_totales_tienda.plot(kind='bar', title='Ventas totales por tienda')
plt.xlabel('Tienda')
plt.ylabel('Ventas')
plt.show()




ventas_totales_producto.plot(kind='pie', title='Ventas totales por producto', autopct='%1.1f%%')
plt.ylabel('')
plt.show()

promedio_ventas_diarias.plot(kind='bar', title='Promedio de ventas diarias por tienda')
plt.xlabel('Tienda')
plt.ylabel('Promedio de ventas diarias')
plt.show()
```

	Tiempo_Produccion	Cantidad_Producida	Eficiencia
Producto			
Producto_A	19.260000	42809	6.979315
Producto_B	19.368580	40584	6.922434
Producto_C	18.758621	39491	7.339916

Este ejercicio más avanzado utiliza Pandas para realizar análisis de datos sobre ventas de productos en diferentes tiendas. Se realizan operaciones de agrupación, cálculos estadísticos y se visualizan los resultados obtenidos para obtener insights sobre el desempeño de las tiendas y productos.

Ejercicio 129: Simulación de Proceso Industrial

Aquí tienes un ejercicio avanzado que simula un proceso industrial utilizando Pandas:

Supongamos que tenemos datos de producción de una fábrica durante un mes. Queremos analizar la eficiencia de la línea de producción para diferentes productos. Los datos incluyen el tiempo de producción, la cantidad producida y el tipo de producto.

Solución:

```
import pandas as pd
import numpy as np

# Generar datos ficticios
np.random.seed(42)
num_registros = 1000

tiempo_produccion = np.random.randint(10, 30, num_registros) # Tiempo de producción en minutos


cantidad_producida = np.random.randint(50, 200, num_registros) # Cantidad producida
productos = np.random.choice(['Producto_A', 'Producto_B', 'Producto_C'], num_registros) # Tipo de producto

data = {
  'Tiempo_Produccion': tiempo_produccion,
```

```python
    'Cantidad_Producida': cantidad_producida,
    'Producto': productos
}

# Crear DataFrame
df = pd.DataFrame(data)

# Calcular eficiencia (Cantidad producida por minuto)
df['Eficiencia'] = df['Cantidad_Producida'] / df['Tiempo_Produccion']

# Calcular estadísticas por producto
estadisticas_por_producto = df.groupby('Producto').agg({
    'Tiempo_Produccion': 'mean',
    'Cantidad_Producida': 'sum',
    'Eficiencia': 'mean'
})

print(estadisticas_por_producto)
```

	Tiempo_Produccion	Cantidad_Producida	Eficiencia
Producto			
Producto_A	19.260000	42809	6.979315
Producto_B	19.368580	40584	6.922434
Producto_C	18.758621	39491	7.339916

Este ejercicio simula el análisis de eficiencia de una línea de producción. Calcula la eficiencia (cantidad producida por minuto) para diferentes productos y muestra estadísticas como el tiempo promedio de producción, la cantidad total producida y la eficiencia promedio para cada producto. Esto podría ayudar a identificar áreas de mejora en la línea de producción de diferentes productos en la fábrica.

Ejercicio 130: Gráfico de Barras con Mtaplotlib

Ejercicio que utiliza Pandas y Matplotlib para crear un gráfico de barras a partir de datos generados aleatoriamente:

Solución:

```
import pandas as pd
import numpy as np
import matplotlib.pyplot as plt

# Generar datos ficticios
np.random.seed(0)
nombres = ['Alice', 'Bob', 'Charlie', 'David']
edades = np.random.randint(20, 35, size=len(nombres))

# Crear DataFrame
data = {'Nombre': nombres, 'Edad': edades}
df = pd.DataFrame(data)

# Gráfico de barras de edades
plt.figure(figsize=(8, 6))
plt.bar(df['Nombre'], df['Edad'], color='skyblue')
plt.xlabel('Nombre')
plt.ylabel('Edad')
plt.title('Edades de personas')
plt.grid(axis='y')
plt.xticks(rotation=45)
plt.tight_layout()

plt.show()
```

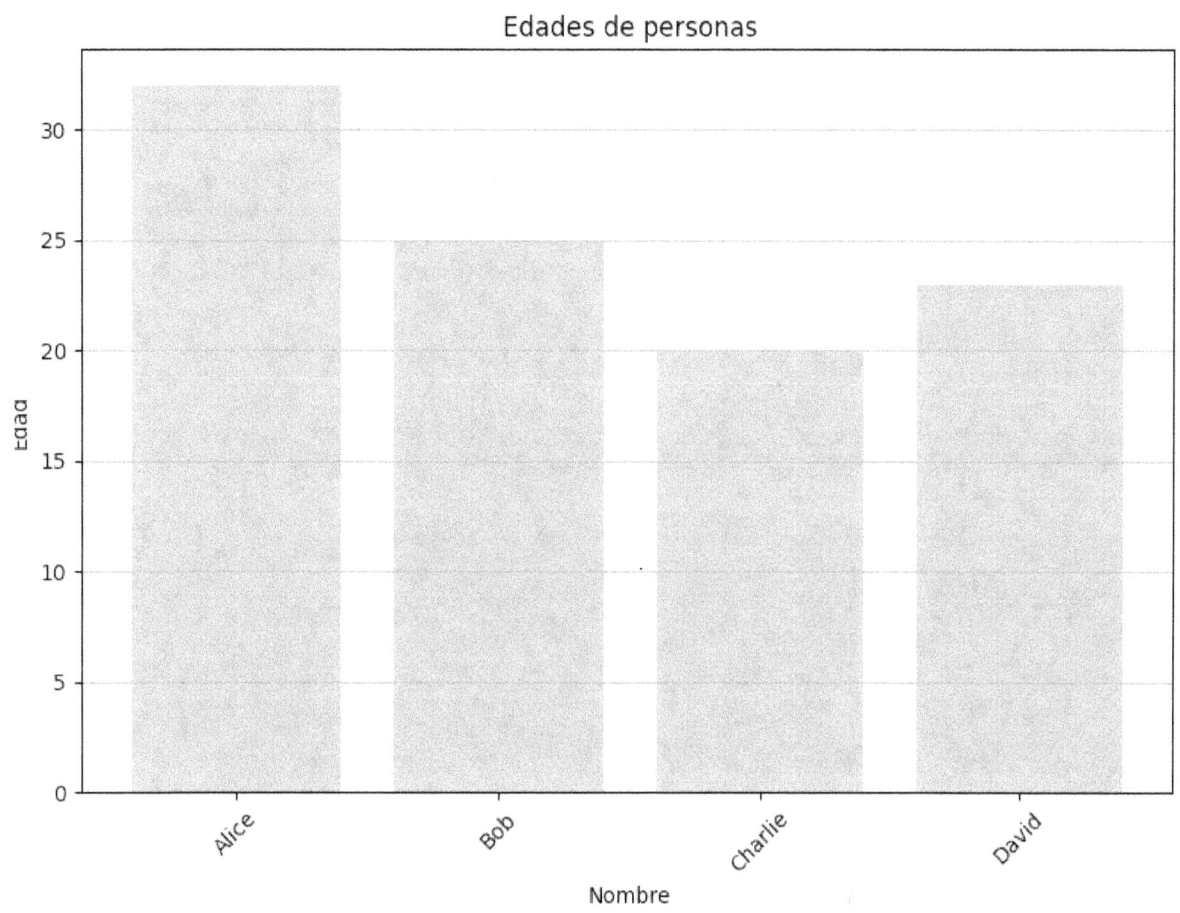

Este código genera un DataFrame con nombres y edades aleatorias para diferentes personas y luego crea un gráfico de barras utilizando Matplotlib. Este ejemplo muestra cómo puedes visualizar datos simples utilizando Pandas y Matplotlib para crear gráficos.

Ejercicio 131: Seguimiento de Indicadores Clave

Realiza un ejercicio que simula el seguimiento de indicadores clave de rendimiento (KPIs) de una empresa a lo largo del tiempo y muestra diferentes tipos de gráficos utilizando Pandas y Matplotlib:

Solución:

```
import pandas as pd
import numpy as np
import matplotlib.pyplot as plt

# Generar datos ficticios para los indicadores clave de
rendimiento (KPIs)
np.random.seed(42)
fechas = pd.date_range('2023-01-01', '2023-12-31',
freq='M')
ingresos = np.random.randint(100000, 500000, len(fechas))
gastos = np.random.randint(80000, 400000, len(fechas))
clientes_nuevos = np.random.randint(10, 100, len(fechas))

# Crear DataFrame con los datos de los KPIs
data = {
 'Fecha': fechas,
 'Ingresos': ingresos,

 'Gastos': gastos,
 'Clientes_Nuevos': clientes_nuevos
}
df = pd.DataFrame(data)

# Configurar la columna 'Fecha' como índice
df.set_index('Fecha', inplace=True)

# Gráfico de línea para los ingresos y gastos a lo largo
del tiempo
plt.figure(figsize=(10, 6))
plt.plot(df['Ingresos'], label='Ingresos', marker='o')
```

```
plt.plot(df['Gastos'], label='Gastos', marker='x')
plt.title('Ingresos vs Gastos a lo largo del tiempo')
plt.xlabel('Fecha')
plt.ylabel('Cantidad')
plt.legend()
plt.grid(True)
plt.tight_layout()
plt.show()

# Gráfico de barras para los clientes nuevos por mes
plt.figure(figsize=(8, 6))
plt.bar(df.index, df['Clientes_Nuevos'], color='orange')
plt.title('Clientes Nuevos por Mes')
plt.xlabel('Fecha')
plt.ylabel('Cantidad de Clientes Nuevos')
plt.xticks(rotation=45)
plt.grid(axis='y')
plt.tight_layout()
plt.show()

# Gráfico de área para mostrar la tendencia acumulada de ingresos
plt.figure(figsize=(8, 6))
plt.fill_between(df.index, df['Ingresos'].cumsum(), color='skyblue', alpha=0.3)
plt.plot(df['Ingresos'].cumsum(), label='Ingresos Acumulados', color='blue')
plt.title('Tendencia Acumulada de Ingresos')
plt.xlabel('Fecha')
plt.ylabel('Ingresos Acumulados')
plt.legend()
plt.grid(True)
plt.tight_layout()
plt.show()
```

Este código genera datos ficticios para los indicadores clave de rendimiento de una empresa (ingresos, gastos y cantidad de clientes nuevos) a lo largo del año 2023. Luego, crea diferentes gráficos utilizando Matplotlib para visualizar la evolución de estos indicadores a lo largo del tiempo.

Ejercicio 132: Archivo CSV desde Python

Como generar un Archivo CSV desde Python.

Para generar un archivo CSV (Comma-Separated Values) desde Python, puedes utilizar la biblioteca `csv` o `Pandas`. Te mostraré ejemplos simples con ambas opciones:

Utilizando la biblioteca csv de Python:

```
import csv

# Datos de ejemplo
data = [
 ['Nombre', 'Edad', 'Email'],
 ['Juan', 25, 'juan@email.com'],
 ['María', 30, 'maria@email.com'],
 ['Pedro', 28, 'pedro@email.com']
]

# Nombre del archivo CSV a crear
nombre_archivo = 'datos_ejemplo.csv'

# Escribir los datos en el archivo CSV
with open(nombre_archivo, 'w', newline='') as archivo:
 escritor_csv = csv.writer(archivo)
 for fila in data:
 escritor_csv.writerow(fila)

print(f"El archivo '{nombre_archivo}' se ha creado correctamente.")
```

Utilizando `Pandas`:

```
import pandas as pd

# Datos de ejemplo

data = {

 'Nombre': ['Juan', 'María', 'Pedro'],
 'Edad': [25, 30, 28],
 'Email': ['juan@email.com', 'maria@email.com',
'pedro@email.com']
}

# Crear un DataFrame con los datos
df = pd.DataFrame(data)

# Nombre del archivo CSV a crear
nombre_archivo = 'datos_ejemplo_pandas.csv'

# Guardar el DataFrame como un archivo CSV
df.to_csv(nombre_archivo, index=False)

print(f"El archivo '{nombre_archivo}' se ha creado correctamente.")
```

Ambos códigos generan un archivo CSV con datos de ejemplo. En el primer ejemplo, se usa la biblioteca `csv` de Python para escribir manualmente los datos en el archivo. En el segundo ejemplo, se utiliza `Pandas` para convertir un DataFrame en un archivo CSV directamente con el método `to_csv()`.

Ejercicio 133: Archivo CSV a partir de una Tabla de Excel

Generar archivo CSV a partir de una Tabla de Excel

Para generar un archivo CSV a partir de una tabla de Excel, puedes usar la biblioteca pandas de Python para cargar los datos desde el archivo Excel y luego guardarlos como un archivo CSV. Aquí te muestro cómo hacerlo:

```python
import pandas as pd

# Cargar datos desde un archivo Excel
nombre_archivo_excel = 'datos.xlsx' # Nombre del archivo Excel
hoja_excel = 'Hoja1' # Nombre de la hoja de Excel que contiene los datos

# Leer el archivo Excel
df = pd.read_excel(nombre_archivo_excel, sheet_name=hoja_excel)

# Nombre del archivo CSV a generar
nombre_archivo_csv = 'datos_generados.csv'

# Guardar los datos en un archivo CSV
df.to_csv(nombre_archivo_csv, index=False)

print(f"Se ha creado el archivo CSV '{nombre_archivo_csv}' a partir de los datos de '{nombre_archivo_excel}'.")
```

Este código carga los datos desde un archivo Excel (`datos.xlsx` en este caso) utilizando `pd.read_excel()` de Pandas, y luego guarda estos datos como un archivo CSV (`datos_generados.csv`) usando `to_csv()`.

Asegúrate de proporcionar el nombre correcto del archivo Excel y la hoja donde se encuentran los datos. Además, `index=False` se utiliza para evitar que Pandas incluya el índice del DataFrame en el archivo CSV resultante.

Ejercicio 134: Generación de Dataframe

Escribir programa que genere y muestre por pantalla un DataFrame con los datos de la tabla siguiente:

Mes	Ventas	Gastos
Enero	50000	30000
Febrero	70000	43000
Marzo	65000	23000
Abril	80000	56000

Solución:

Aquí tienes un código en Python utilizando Pandas para crear un DataFrame con los datos proporcionados y mostrarlo por pantalla:

```
import pandas as pd

# Datos proporcionados
datos = {
 'Mes': ['Enero', 'Febrero', 'Marzo', 'Abril'],
 'Ventas': [50000, 70000, 65000, 80000],
 'Gastos': [30000, 43000, 23000, 56000]
}

# Crear DataFrame
df = pd.DataFrame(datos)

# Mostrar DataFrame por pantalla
print(df)
```

Resultado:

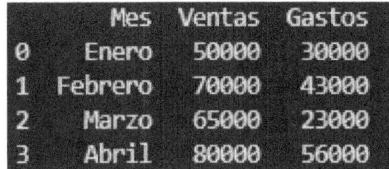

Este código define un diccionario con los datos proporcionados y utiliza Pandas para crear un DataFrame (`df`). Luego, utiliza `print(df)` para mostrar el DataFrame por pantalla.

Ejercicio 135: Análisis Básico de Datos de Ventas

Supongamos que tienes un archivo CSV llamado `ventas.csv` que contiene datos de ventas con columnas como "Fecha", "Producto", "Cantidad", y "Precio Unitario". Queremos cargar estos datos y realizar un análisis básico:

```
import pandas as pd

# Cargar datos desde un archivo CSV
datos_ventas = pd.read_csv('ventas.csv')

# Visualizar las primeras filas del DataFrame
print(datos_ventas.head())

# Obtener estadísticas descriptivas
print(datos_ventas.describe())

# Filtrar ventas por producto específico
ventas_producto_X = datos_ventas[datos_ventas['Producto']
== 'Producto_X']
print(ventas_producto_X.head())

# Calcular el total de ventas por producto
total_ventas_por_producto =
datos_ventas.groupby('Producto')['Cantidad'].sum()
print(total_ventas_por_producto)
```

Ejercicio 136: Combinación de Datos de Múltiples Fuentes

Imagina que tienes dos archivos CSV, uno con datos de ventas (`ventas.csv`) y otro con datos de clientes (`clientes.csv`). Queremos combinar esta información utilizando una columna común, como "ID de Cliente":

Solución:

```
import pandas as pd

# Cargar datos de ventas y clientes desde archivos CSV
datos_ventas = pd.read_csv('ventas.csv')
datos_clientes = pd.read_csv('clientes.csv')

# Combinar datos de ventas y clientes usando la columna 'ID de Cliente'
datos_combinados = pd.merge(datos_ventas, datos_clientes, on='ID de Cliente')

# Mostrar las primeras filas del DataFrame combinado
print(datos_combinados.head())

# Calcular el total de ventas por ciudad
total_ventas_por_ciudad = datos_combinados.groupby('Ciudad')['Cantidad'].sum()
print(total_ventas_por_ciudad)
```

Ejercicio 137: Análisis de población

Realiza un ejercicio usando Pandas que involucre un analisis mas detallado de la población, graficando por edad, por género, por actividad, por ubicación y que pueda visualizarse las diferentes gráficas?

ID,Edad,Genero,Actividad,Ubicacion
1,25,Masculino,Estudiante,Ciudad A
2,35,Femenino,Profesional,Ciudad B
3,45,Masculino,Profesional,Ciudad A
4,28,Femenino,Estudiante,Ciudad C
5,55,Masculino,Profesional,Ciudad B

Solución:

```
import pandas as pd
import matplotlib.pyplot as plt

# Cargar datos desde el archivo CSV
data = pd.read_csv('poblacion.csv')

# Gráfico por edad
plt.figure(figsize=(8, 6))
data['Edad'].plot(kind='hist', bins=20, color='skyblue',
edgecolor='black')
plt.title('Distribución de la Población por Edad')
plt.xlabel('Edad')
plt.ylabel('Frecuencia')
plt.grid(True)
plt.show()

# Gráfico por género
plt.figure(figsize=(6, 6))
data['Genero'].value_counts().plot(kind='pie',
autopct='%1.1f%%', colors=['lightblue', 'lightcoral'])
plt.title('Distribución de la Población por Género')
```

```
plt.ylabel('')

plt.show()

# Gráfico por actividad
plt.figure(figsize=(8, 6))
data['Actividad'].value_counts().plot(kind='bar',
color='salmon', edgecolor='black')
plt.title('Distribución de la Población por Actividad')
plt.xlabel('Actividad')
plt.ylabel('Cantidad')
plt.xticks(rotation=45)
plt.grid(axis='y')
plt.show()

# Gráfico por ubicación
plt.figure(figsize=(8, 6))
data['Ubicacion'].value_counts().plot(kind='barh',
color='lightgreen', edgecolor='black')
plt.title('Distribución de la Población por Ubicación')
plt.xlabel('Cantidad')
plt.ylabel('Ubicación')
plt.grid(axis='x')
plt.show()
```

Este código generará cuatro gráficos:

- Un histograma mostrando la distribución de la población por edad.
- Un gráfico circular (pie chart) mostrando la distribución de la población por género.
- Un gráfico de barras mostrando la distribución de la población por actividad.
- Un gráfico de barras horizontales mostrando la distribución de la población por ubicación.

Solo asegúrate de tener el archivo CSV `poblacion.csv` con datos similares para poder ejecutar este código y ver las gráficas resultantes.

Ejercicio 138: Tablero de control

Se requiere hacer un tablero de control donde se indiquen las gráficas del comportamiento de varios indicadores claves para la organizacion: los indicadores son:

- Margen de utilidad bruta:
- Productividad:
- Cantidad total de clientes:
- Rentabilidad recurrente:
- Tráfico web diario:
- Visitas nuevas:
- Tasa de apertura de emails:
- Cantidad de clientes potenciales generados
- Reach o Alcance:
- Average Engagement Rate o Ratio de Engagement:
- CTR (click trough rate):
- N° de reviews.
- Tasa de retención de clientes:
- Tasa de abandono o fuga de clientes:
- Vida media del cliente:
- Valor de vida del cliente (CLV o LTV)
- Clientes potenciales calificados:
- Tasa de conversión de clientes potenciales:
- Costo de adquisición de clientes (CAC):
- Cantidad total de clientes nuevos:
- Ciclo de ventas:
- de software.
- Tiempo de actividad del producto:
- Tiempo de respuesta al error:
- Duración del ciclo:
- Rendimiento:
- Satisfacción de los empleados:
- Tasa de retención de empleados:
- Comentarios de los empleados:

Solución:

Para crear un tablero de control con múltiples gráficas para los indicadores clave de la organización, utilizaremos Pandas y Matplotlib para generar gráficos que muestren el comportamiento de estos indicadores. Vamos a empezar por generar un DataFrame con datos ficticios que representen el comportamiento a lo largo del tiempo de estos indicadores.

```
import pandas as pd
import matplotlib.pyplot as plt
import numpy as np
import random

# Generar datos ficticios para los indicadores
fechas = pd.date_range(start='2023-01-01', end='2023-12-31', freq='D')
datos = {'Fecha': fechas}

for indicador in indicadores:
    datos[indicador] = np.random.randint(50, 100, size=len(fechas)) * random.uniform(0.5, 1.5)

# Crear DataFrame con los datos
df = pd.DataFrame(datos)
df = df.set_index('Fecha')

# Graficar cada indicador a lo largo del tiempo
for indicador in indicadores:
    plt.figure(figsize=(10, 5))
    plt.plot(df.index, df[indicador])
    plt.title(f'Comportamiento de {indicador}')
    plt.xlabel('Fecha')
    plt.ylabel(indicador)
    plt.grid(True)
    plt.show()
```

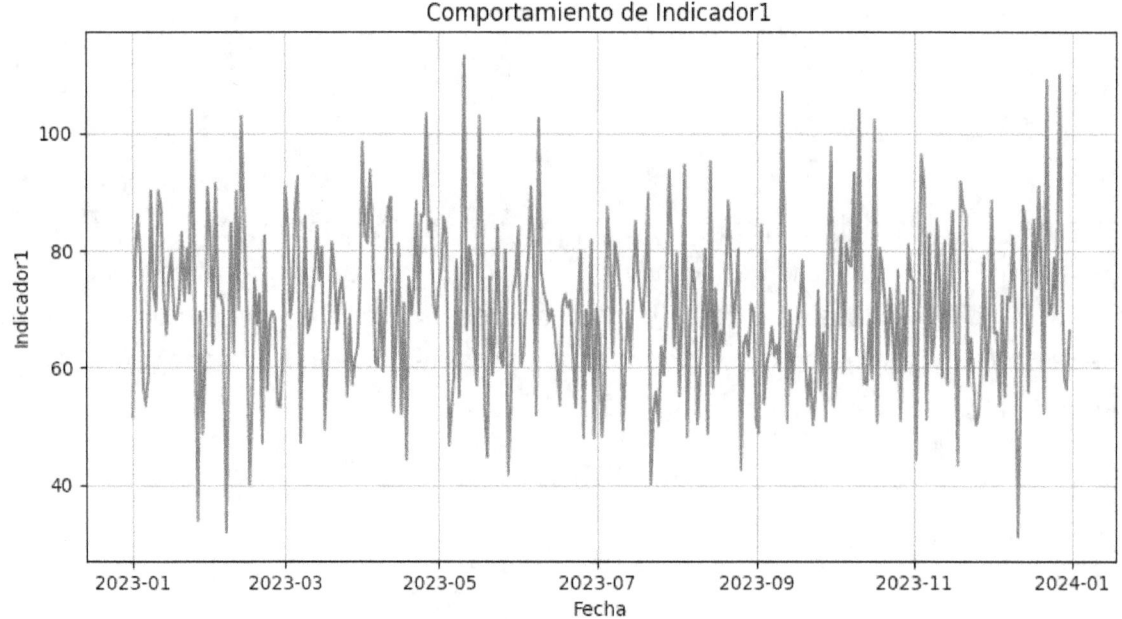

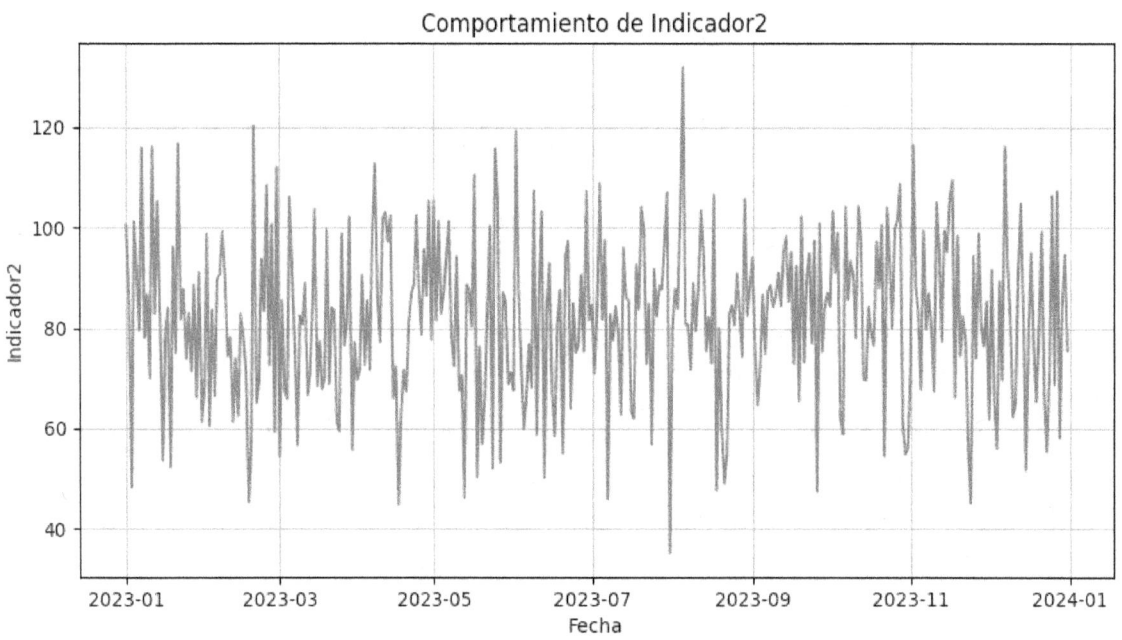

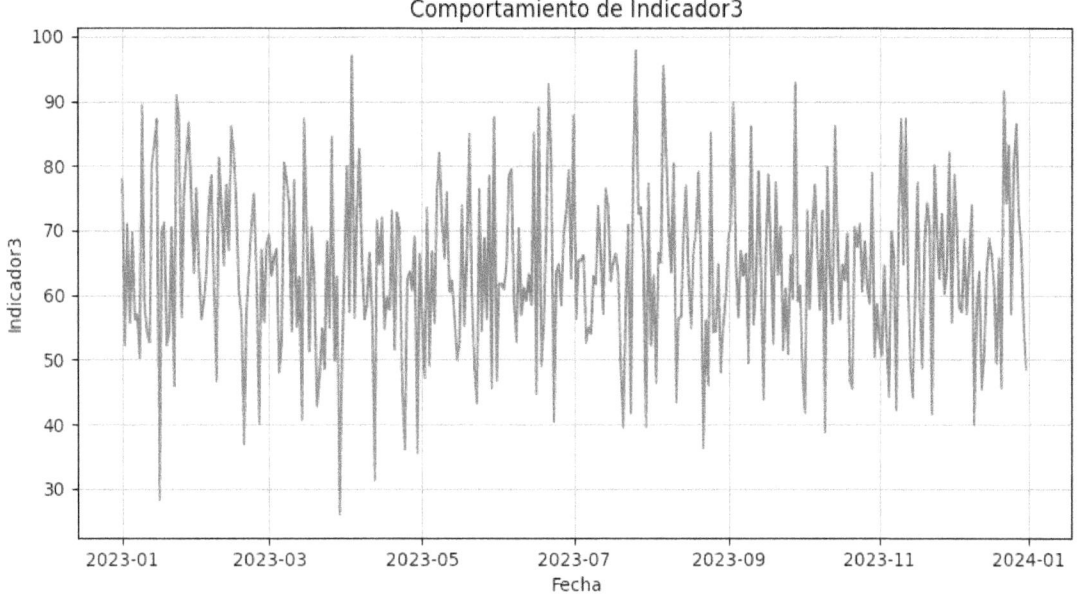

Este código generará una serie de gráficas individuales, una para cada indicador, mostrando su comportamiento a lo largo del tiempo utilizando datos ficticios. Asegúrate de tener definidos los indicadores clave (como variables en una lista llamada `indicadores`) antes de ejecutar este código.

Ejercicio 139: Análisis Básico exploratorio

Lee un archivo CSV con datos de ventas, realiza un análisis exploratorio básico para entender la distribución de las ventas por producto, región, etc. Calcula el total de ventas por categoría, grafica la distribución y encuentra el producto más vendido.

Solución:

Supongamos que tenemos un archivo CSV llamado `ventas.csv` con la siguiente estructura:

Producto,Region,Ventas
A,Norte,1500
B,Sur,2200
A,Sur,1800
C,Norte,1200
B,Norte,2500
A,Sur,2100
C,Sur,1700
B,Norte,2300

```
import pandas as pd

# Cargar datos desde un archivo CSV
datos_ventas = pd.read_csv('ventas.csv')

# Mostrar las primeras filas del DataFrame
print(datos_ventas.head())

# Calcular el total de ventas por producto
total_ventas_por_producto =
datos_ventas.groupby('Producto')['Ventas'].sum()
```

```python
print("\nTotal de ventas por producto:")
print(total_ventas_por_producto)

# Calcular el total de ventas por región
total_ventas_por_region = datos_ventas.groupby('Region')['Ventas'].sum()
print("\nTotal de ventas por región:")
print(total_ventas_por_region)

# Graficar la distribución de ventas por región
total_ventas_por_region.plot(kind='bar', color='skyblue')
plt.title('Total de ventas por región')
plt.xlabel('Región')
plt.ylabel('Ventas')
plt.show()
```

Este código carga los datos ficticios de ventas desde el archivo CSV usando Pandas. Luego, calcula el total de ventas por producto y por región, y muestra los resultados. Además, genera un gráfico de barras que muestra la distribución de las ventas por región. Recuerda que para ejecutar este código, necesitarías tener un archivo CSV con datos similares llamado `ventas.csv`.

Ejercicio 140: Combinación de Dataframes

Combina dos DataFrames con información de clientes y pedidos. Realiza una limpieza de datos eliminando filas duplicadas, valores nulos o inconsistentes. Calcula el total de pedidos por cliente y crea un nuevo DataFrame con la información consolidada.

Solución:

Aquí tienes un ejemplo que combina dos DataFrames con información de clientes y pedidos, realiza una limpieza de datos eliminando filas duplicadas, valores nulos o inconsistentes, y calcula el total de pedidos por cliente:

Supongamos que tienes dos archivos CSV: uno llamado `clientes.csv` con información de clientes y otro llamado `pedidos.csv` con información de los pedidos:

```
import pandas as pd

# Cargar datos de clientes desde un archivo CSV
clientes = pd.read_csv('clientes.csv')

# Cargar datos de pedidos desde un archivo CSV
pedidos = pd.read_csv('pedidos.csv')

# Combinar los DataFrames utilizando la columna 'ID de Cliente'
datos_combinados = pd.merge(clientes, pedidos, on='ID de Cliente', how='inner')

# Mostrar las primeras filas del DataFrame combinado
print(datos_combinados.head())

# Eliminar filas duplicadas y valores nulos
datos_combinados = datos_combinados.drop_duplicates()
datos_combinados = datos_combinados.dropna()
```

```
# Calcular el total de pedidos por cliente
total_pedidos_por_cliente = datos_combinados.groupby('ID de
Cliente')['Cantidad de Pedidos'].sum()
print("\nTotal de pedidos por cliente:")
print(total_pedidos_por_cliente)
```

Este código utiliza la función `merge` de Pandas para combinar los DataFrames `clientes` y `pedidos` utilizando la columna 'ID de Cliente'. Luego, elimina filas duplicadas y valores nulos del DataFrame combinado. Finalmente, calcula el total de pedidos por cliente utilizando `groupby` y `sum`.

Asegúrate de ajustar las columnas y nombres de los archivos CSV (`clientes.csv` y `pedidos.csv`) según tu estructura de datos real antes de ejecutar este código.

Ejercicio 141: Conversión a tipo datetime

Lee un archivo CSV con datos de tiempo y fecha. Convierte la columna de fecha a un objeto de tipo `datetime`, agrupa los datos por mes y grafica la tendencia temporal a lo largo del año.

Solución:

Aquí tienes un ejemplo que lee un archivo CSV con datos de tiempo y fecha, convierte la columna de fecha a un objeto de tipo `datetime`, agrupa los datos por mes y grafica la tendencia temporal a lo largo del año:

Supongamos que tienes un archivo CSV llamado `datos_tiempo.csv` con información de tiempo y fecha:

```
import pandas as pd
import matplotlib.pyplot as plt

# Cargar datos desde un archivo CSV
datos_tiempo = pd.read_csv('datos_tiempo.csv')

# Mostrar las primeras filas del DataFrame
print(datos_tiempo.head())

# Convertir la columna de fecha a tipo datetime
datos_tiempo['Fecha'] = pd.to_datetime(datos_tiempo['Fecha'])

# Agrupar los datos por mes
datos_agrupados_por_mes = datos_tiempo.groupby(datos_tiempo['Fecha'].dt.strftime('%B'))['Cantidad'].sum()

# Graficar la tendencia temporal por mes
```

```
plt.figure(figsize=(10, 6))
datos_agrupados_por_mes.plot(kind='line', marker='o',
color='skyblue')
plt.title('Tendencia Temporal por Mes')



plt.xlabel('Mes')
plt.ylabel('Cantidad')
plt.xticks(rotation=45)
plt.grid(True)
plt.show()
```

Este código carga los datos de tiempo desde el archivo CSV, convierte la columna de fecha a un objeto de tipo `datetime`, agrupa los datos por mes y suma la cantidad correspondiente. Luego, genera un gráfico de línea que muestra la tendencia temporal a lo largo del año, utilizando los datos agrupados por mes.

Asegúrate de tener un archivo CSV con datos similares y ajusta el nombre del archivo (`datos_tiempo.csv`) según tu situación real antes de ejecutar este código.

Ejercicio 142: Creación de columnas

Carga un conjunto de datos con múltiples columnas y crea nuevas columnas derivadas utilizando funciones lambda o aplicando funciones definidas por el usuario. Realiza transformaciones complejas, como normalización de datos, cálculo de ratios o combinación de información entre columnas para generar nuevos insights.

Solución:

Aquí tienes un ejemplo que carga un conjunto de datos con múltiples columnas, crea nuevas columnas derivadas utilizando funciones lambda, aplica transformaciones complejas como normalización de datos y calcula ratios:

Supongamos que tienes un archivo CSV llamado `datos_avanzados.csv` con información de múltiples columnas:

```
import pandas as pd

# Cargar datos desde un archivo CSV
datos_avanzados = pd.read_csv('datos_avanzados.csv')

# Mostrar las primeras filas del DataFrame
print(datos_avanzados.head())

# Crear una nueva columna normalizando una columna existente
datos_avanzados['Columna_Normalizada'] = datos_avanzados['Columna'] / datos_avanzados['Columna'].max()

# Crear una nueva columna derivada utilizando una función lambda
```

```python
datos_avanzados['Nueva_Columna'] = 
datos_avanzados.apply(lambda row: row['Columna'] * 2 if 
row['Otra_Columna'] > 10 else row['Columna'] * 3, axis=1)

# Calcular un ratio entre dos columnas
datos_avanzados['Ratio'] = datos_avanzados['Columna_1'] / 
datos_avanzados['Columna_2']

# Mostrar el DataFrame con las nuevas columnas


print("\nDataFrame con columnas adicionales:")
print(datos_avanzados)
```

Este código carga los datos desde el archivo CSV y muestra las primeras filas del DataFrame. Luego, crea una nueva columna normalizando una columna existente, genera una nueva columna derivada utilizando una función lambda basada en una condición, y calcula un ratio entre dos columnas existentes.

Asegúrate de tener un archivo CSV con datos similares y ajusta el nombre del archivo (datos_avanzados.csv) según tu situación real antes de ejecutar este código.

Ejercicio 143: Análisis Estadístico Avanzado con Pandas

En este ejemplo, utilizaremos un conjunto de datos de ejemplo para realizar el análisis estadístico avanzado. Abordaremos los siguientes puntos:

1. Cálculo de Estadísticas Resumidas:
    - Calcular percentiles, cuartiles y momentos de una columna numérica.
2. Técnicas de Remuestreo (Resampling) y Bootstrap:
    - Aplicar técnicas de remuestreo para estimar distribuciones y errores.

Empezaremos cargando un conjunto de datos de ejemplo y luego procederemos con el análisis estadístico avanzado.

```
import pandas as pd
import numpy as np

# Crear un DataFrame de ejemplo con datos numéricos
np.random.seed(0)
data = {
  'value': np.random.normal(loc=100, scale=20, size=1000)
}
df = pd.DataFrame(data)

# Cálculo de estadísticas resumidas: percentiles, cuartiles y momentos
percentiles = [25, 50, 75]
df_percentiles = df['value'].quantile(q=percentiles)
mean = df['value'].mean()
std_dev = df['value'].std()
skewness = df['value'].skew()
kurtosis = df['value'].kurtosis()

print("Estadísticas Resumidas:")
print("Percentiles (25%, 50%, 75%):")
print(df_percentiles)
print("Media:", mean)
print("Desviación Estándar:", std_dev)
print("Asimetría (Skewness):", skewness)
```

```
print("Curtosis (Kurtosis):", kurtosis)

# Técnicas de remuestreo (resampling) y bootstrap
# Ejemplo de remuestreo con reemplazo (bootstrap) para estimar
distribución de media
bootstrap_means = []
num_bootstrap_samples = 1000
for _ in range(num_bootstrap_samples):
 bootstrap_sample = np.random.choice(df['value'],
size=len(df), replace=True)
 bootstrap_mean = np.mean(bootstrap_sample)
 bootstrap_means.append(bootstrap_mean)

# Calcular intervalo de confianza del 95% para la media
utilizando bootstrap
confidence_interval = np.percentile(bootstrap_means, [2.5,
97.5])

print("\nRemuestreo (Bootstrap) - Estimación de Distribución
de Media:")
print("Intervalo de Confianza del 95% para la Media:",
confidence_interval)
```

Resultado:

```
Estadísticas Resumidas:
Percentiles (25%, 50%, 75%):
0.25     86.031599
0.50     98.839439
0.75    112.139012
Name: value, dtype: float64
Media: 99.09486585019609
Desviación Estándar: 19.75054091389026
Asimetría (Skewness): 0.03390983920295951
Curtosis (Kurtosis): -0.04097691643267032
```

```
Remuestreo (Bootstrap) - Estimación de Distribución de Media:
Intervalo de Confianza del 95% para la Media: [ 97.85242527
100.27087959]
```

En este ejemplo:

- Calculamos estadísticas resumidas como percentiles (25%, 50%, 75%), media, desviación estándar, asimetría (skewness) y curtosis (kurtosis) de la columna numérica `value`.
- Utilizamos técnicas de remuestreo (resampling) con bootstrap para estimar la distribución de la media y calcular un intervalo de confianza del 95% para la media poblacional.

Este ejemplo ilustra cómo Pandas puede ser utilizado en conjunto con NumPy para realizar un análisis estadístico avanzado, incluyendo el cálculo de estadísticas resumidas y la aplicación de técnicas de remuestreo (bootstrap) para estimar distribuciones y errores en datos numéricos. ¡Espero que encuentres útil este ejemplo para explorar técnicas avanzadas de análisis estadístico con Pandas!

Ejercicio 144: Análisis Avanzado de Series Temporales con Pandas

En este ejemplo, utilizaremos datos de temperatura diaria para demostrar cómo trabajar con series temporales en Pandas, incluyendo remuestreo, suavizado y análisis de tendencias.

```
import pandas as pd
import numpy as np
import matplotlib.pyplot as plt

# Crear un rango de fechas como índice de tiempo (365 días a
partir de 2022-01-01)
dates = pd.date_range('2022-01-01', periods=365, freq='D')

# Generar datos de temperatura diaria aleatoria entre 0°C y
30°C
np.random.seed(0)
temps = np.random.randint(0, 31, size=len(dates))

# Crear un DataFrame con índice de tiempo y datos de
temperatura
df = pd.DataFrame({'Temperature': temps}, index=dates)

# Visualizar la serie temporal original
plt.figure(figsize=(10, 6))
plt.plot(df.index, df['Temperature'], label='Daily
Temperature', color='blue')
plt.title('Daily Temperature Time Series')
plt.xlabel('Date')
plt.ylabel('Temperature (°C)')
plt.grid(True)
plt.legend()
plt.show()
```

```python
# Remuestreo (resampling) a nivel mensual (promedio de
temperatura mensual)
monthly_avg_temps = df.resample('M').mean()

# Visualizar la serie temporal remuestreada mensualmente
plt.figure(figsize=(10, 6))
plt.plot(monthly_avg_temps.index,
monthly_avg_temps['Temperature'], label='Monthly Average
Temperature', color='red', marker='o')
plt.title('Monthly Average Temperature')
plt.xlabel('Date')
plt.ylabel('Temperature (°C)')
plt.grid(True)
plt.legend()
plt.show()

# Aplicar técnica de suavizado (rolling mean) para suavizar la
serie temporal
rolling_window_size = 7 # ventana de suavizado de 7 días
smoothed_temps =
df['Temperature'].rolling(window=rolling_window_size,
min_periods=1).mean()

# Visualizar la serie temporal suavizada
plt.figure(figsize=(10, 6))
plt.plot(df.index, df['Temperature'], label='Daily
Temperature', color='blue', alpha=0.5)
plt.plot(df.index, smoothed_temps, label=f'Smoothed
Temperature (Rolling Mean, {rolling_window_size} days)',
color='green')
plt.title('Daily Temperature with Smoothing')
plt.xlabel('Date')
plt.ylabel('Temperature (°C)')
plt.grid(True)
plt.legend()
plt.show()
```

Resultado:

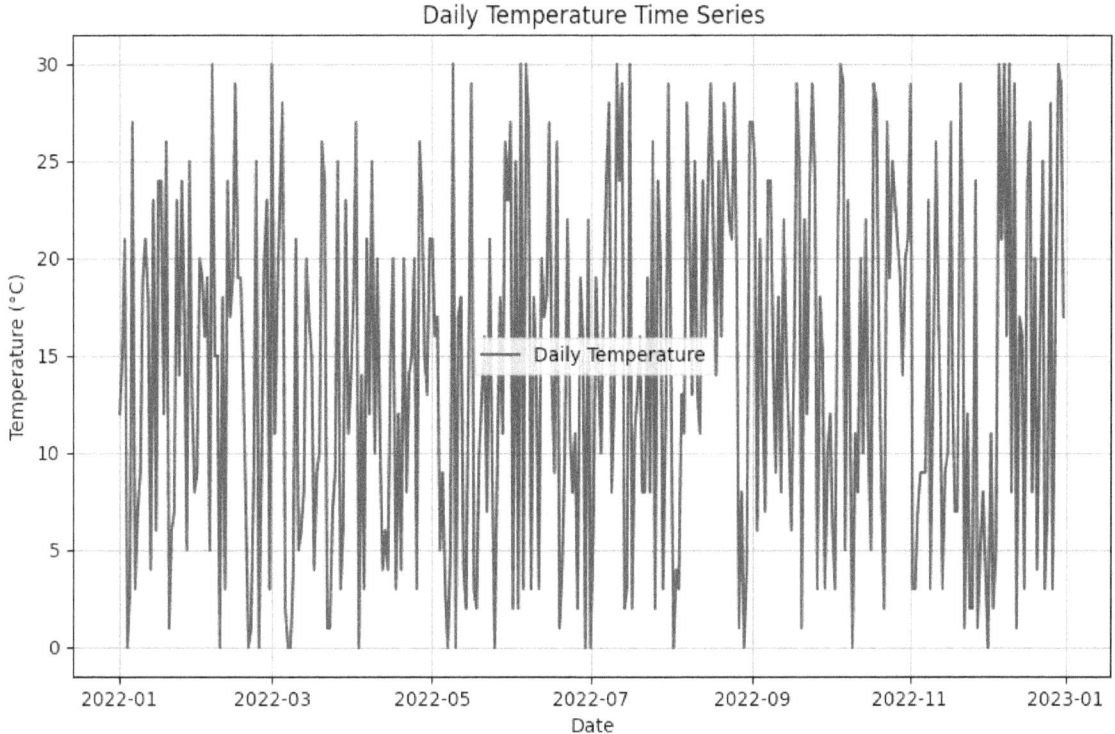

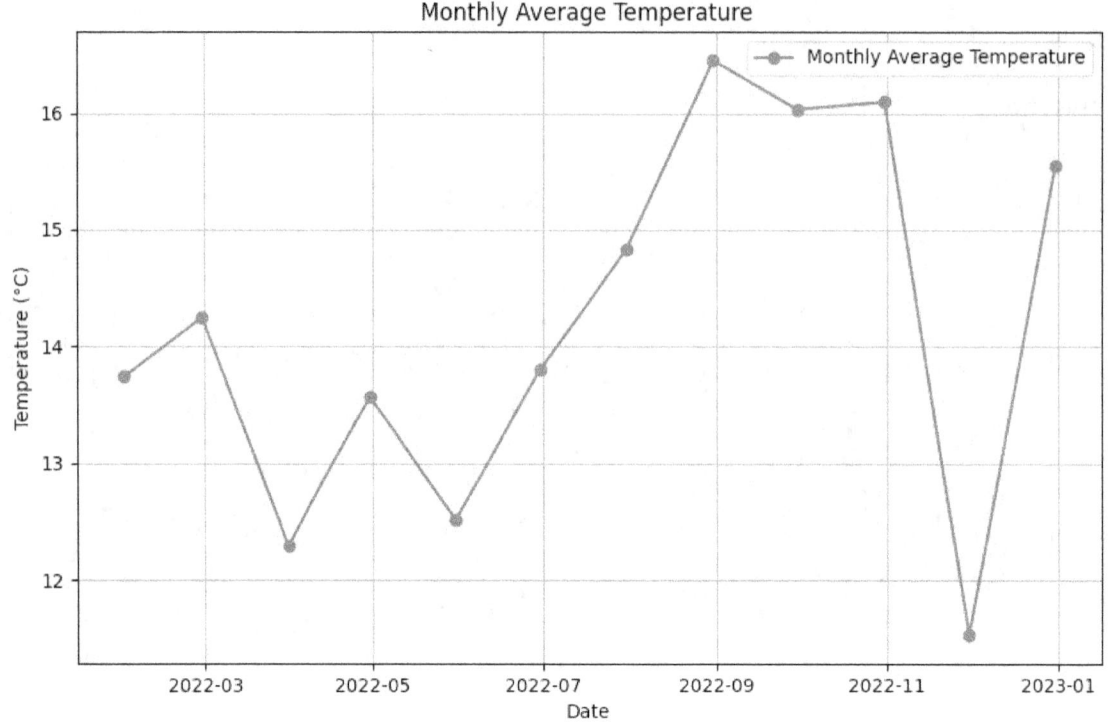

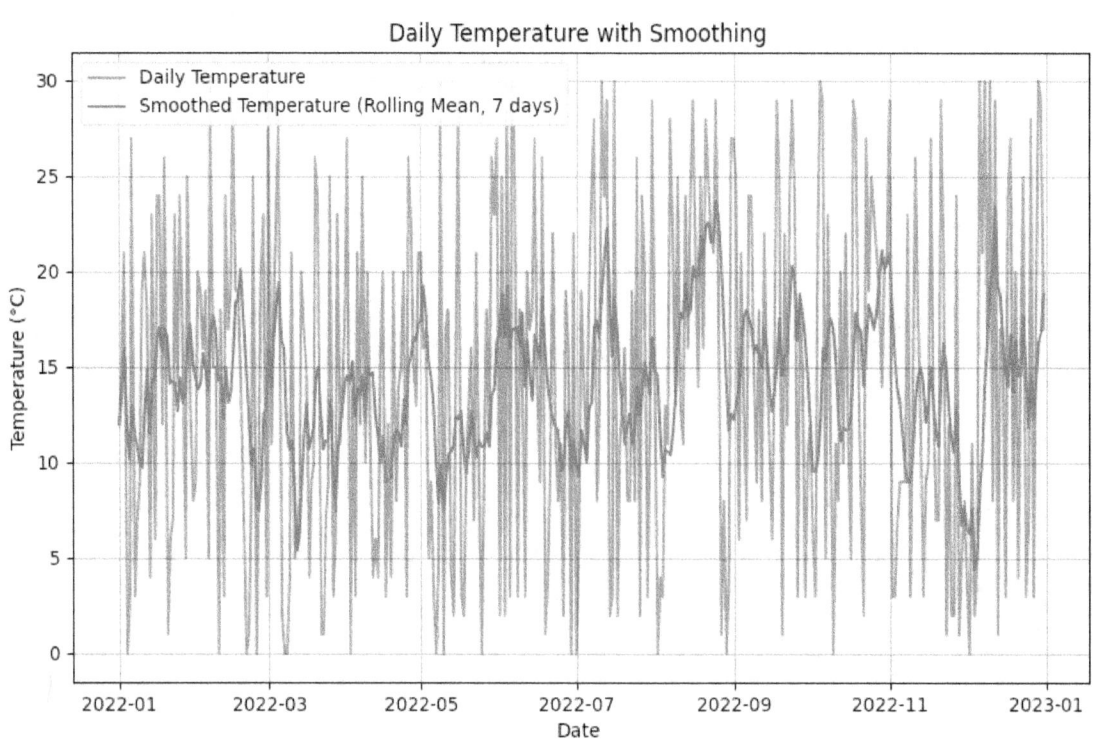

En este ejemplo:

- Creamos un DataFrame `df` con índice de tiempo (`dates`) y datos de temperatura diaria (`temps`).
- Visualizamos la serie temporal original de temperatura diaria.
- Utilizamos el método `resample('M').mean()` para remuestrear los datos a nivel mensual y calcular el promedio de temperatura mensual.
- Visualizamos la serie temporal remuestreada mensualmente para observar las tendencias de temperatura a lo largo del año.
- Aplicamos la técnica de suavizado utilizando `rolling(window=7).mean()` para calcular el promedio móvil de temperatura con una ventana de 7 días y visualizamos la serie temporal suavizada.

Este ejemplo muestra cómo Pandas puede ser utilizado de manera efectiva para realizar operaciones avanzadas de series temporales, incluyendo remuestreo, agregación por periodos de tiempo, suavizado de datos y análisis de tendencias. Estas técnicas son útiles para analizar y visualizar patrones en datos temporales y hacer predicciones basadas en series temporales históricas.

Ejercicio 145: Análisis de Texto y Procesamiento NLP con Pandas

En este ejemplo, utilizaremos un conjunto de datos de reseñas de películas para demostrar cómo analizar y procesar datos de texto utilizando Pandas y NLTK.

```
import pandas as pd
import nltk
from nltk.corpus import stopwords
from nltk.tokenize import word_tokenize
from sklearn.feature_extraction.text import CountVectorizer, TfidfVectorizer

# Descargar recursos de NLTK (ejecutar solo la primera vez)
nltk.download('punkt')
nltk.download('stopwords')

# Cargar un conjunto de datos de reseñas de películas (ejemplo)
data = {
 'review': [
 "This movie is amazing! I loved every minute of it.",
 "The plot was predictable, but the acting was superb.",
 "Disappointing film. The storyline lacked depth.",
 "Highly recommended. A must-watch for all cinema lovers."
 ]
}
df = pd.DataFrame(data)

# Tokenización y limpieza de texto
stop_words = set(stopwords.words('english'))

def preprocess_text(text):
 tokens = word_tokenize(text.lower()) # Tokenización y minúsculas
```

```python
    filtered_tokens = [token for token in tokens if
token.isalpha() and token not in stop_words] # Filtrar
palabras y eliminar stopwords
    return ' '.join(filtered_tokens)

df['clean_review'] = df['review'].apply(preprocess_text)

# Extracción de características (Bag of Words y TF-IDF)
vectorizer_bow = CountVectorizer()
vectorizer_tfidf = TfidfVectorizer()

# Aplicar vectorización a los datos de texto limpio
bow_matrix = vectorizer_bow.fit_transform(df['clean_review'])
tfidf_matrix = vectorizer_tfidf.fit_transform(df['clean_review'])

# Convertir matrices dispersas a DataFrames de Pandas para
visualización
df_bow = pd.DataFrame(bow_matrix.toarray(),
columns=vectorizer_bow.get_feature_names_out())
df_tfidf = pd.DataFrame(tfidf_matrix.toarray(),
columns=vectorizer_tfidf.get_feature_names_out())

# Visualizar las matrices de características (Bag of Words y
TF-IDF)
print("Matriz de Características (Bag of Words):")
print(df_bow)

print("\nMatriz de Características (TF-IDF):")
print(df_tfidf)
```

Resultado:

```
Matriz de Características (Bag of Words):
   acting  amazing  cinema  depth  disappointing  every  film  highly  ...  lovers  minute  movie  plot  predictable  recommended  storyline  superb
0       0        1       0      0              0      1     0       0  ...       0       1      1     0            0            0         0       0
1       1        0       0      0              0      0     0       0  ...       0       0      0     1            1            0         0       1
2       0        0       0      1              1      0     1       0  ...       0       0      0     0            0            0         1       0
3       0        0       1      0              0      0     0       1  ...       1       0      0     0            0            1         0       0

[4 rows x 18 columns]

Matriz de Características (TF-IDF):
   acting   amazing  cinema     depth  disappointing     every      film  ...    minute     movie  plot  predictable  recommended  storyline  superb
0     0.0  0.447214     0.0  0.000000       0.000000  0.447214  0.000000  ...  0.447214  0.447214   0.0          0.0     0.000000   0.000000     0.0
1     0.5  0.000000     0.0  0.000000       0.000000  0.000000  0.000000  ...  0.000000  0.000000   0.5          0.5     0.000000   0.000000     0.5
2     0.0  0.000000     0.0  0.447214       0.447214  0.000000  0.447214  ...  0.000000  0.000000   0.0          0.0     0.000000   0.447214     0.0
3     0.0  0.000000     0.5  0.000000       0.000000  0.000000  0.000000  ...  0.000000  0.000000   0.0          0.0     0.5         0.000000     0.0
```

En este ejemplo:

- Cargamos un conjunto de datos de reseñas de películas en un DataFrame de Pandas.
- Tokenizamos y limpiamos el texto de las reseñas, convirtiéndolo a minúsculas y eliminando stopwords y caracteres no alfabéticos.
- Utilizamos `CountVectorizer()` y `TfidfVectorizer()` de `sklearn.feature_extraction.text` para extraer características de Bag of Words (BoW) y TF-IDF respectivamente.
- Aplicamos estas técnicas de vectorización a los datos de texto limpio y convertimos las matrices dispersas resultantes en DataFrames de Pandas para su visualización.

Este ejemplo ilustra cómo Pandas puede ser utilizado junto con herramientas de NLP como NLTK y scikit-learn para realizar análisis avanzado de datos de texto, incluyendo la extracción de características y la vectorización para preparar datos de texto para tareas de análisis y aprendizaje automático.

Ejercicio 146: Optimización del Rendimiento

En este ejemplo, utilizaremos un conjunto de datos grande para mostrar cómo aplicar métodos vectorizados, operaciones en memoria y técnicas de paralelización para optimizar el procesamiento de datos con Pandas.

```
import pandas as pd
import numpy as np
import time

# Crear un DataFrame grande con datos aleatorios
num_rows = 10**6
data = {
 'A': np.random.randint(1, 100, size=num_rows),
 'B': np.random.rand(num_rows),
 'C': np.random.choice(['X', 'Y', 'Z'], size=num_rows)
}
df = pd.DataFrame(data)

# Método vectorizado: Calcular la suma condicional de una
columna basada en otra columna
start_time = time.time()
conditional_sum = df.loc[df['C'] == 'X', 'A'].sum()
elapsed_time = time.time() - start_time
print(f"Suma condicional utilizando método vectorizado:
{conditional_sum}")
print(f"Tiempo de ejecución: {elapsed_time} segundos")

# Método no vectorizado: Iterar sobre el DataFrame y calcular
la suma condicional
start_time = time.time()
conditional_sum_iterative = sum(row['A'] for index, row in
df.iterrows() if row['C'] == 'X')
elapsed_time = time.time() - start_time
print(f"Suma condicional utilizando método no vectorizado:
{conditional_sum_iterative}")
print(f"Tiempo de ejecución: {elapsed_time} segundos")
```

```python
# Paralelización: Calcular la media de una columna utilizando multiprocessing
from multiprocessing import Pool, cpu_count

def parallel_mean(column):
    chunk_size = len(column) // cpu_count() + 1
    chunks = [column[i:i+chunk_size] for i in range(0, len(column), chunk_size)]
    with Pool(cpu_count()) as pool:
        results = pool.map(np.mean, chunks)
    return np.mean(results)

start_time = time.time()
mean_value = parallel_mean(df['B'])
elapsed_time = time.time() - start_time
print(f"Media de la columna 'B' utilizando paralelización: {mean_value}")
print(f"Tiempo de ejecución: {elapsed_time} segundos")
```

En este ejemplo:

- Creamos un DataFrame `df` con un millón de filas de datos aleatorios.
- Utilizamos un método vectorizado (`df.loc[df['C'] == 'X', 'A'].sum()`) para calcular la suma condicional de la columna 'A' basada en los valores de la columna 'C'.
- Comparamos el rendimiento de este método vectorizado con un método no vectorizado (`sum(row['A'] for index, row in df.iterrows() if row['C'] == 'X')`) que itera sobre las filas del DataFrame.
- Implementamos paralelización utilizando `multiprocessing.Pool` para calcular la media de la columna 'B' de manera concurrente en múltiples procesos.

Al ejecutar este código, podrás observar cómo los métodos vectorizados y las técnicas de paralelización pueden mejorar significativamente el rendimiento en comparación con enfoques no vectorizados y secuenciales, especialmente en conjuntos de datos grandes.

Ejercicio 147: Visualizaciones Interactivas con Plotly y Widgets

En este ejemplo, utilizaremos un conjunto de datos de muestra y Plotly para crear visualizaciones interactivas y luego integraremos widgets interactivos para permitir el filtrado dinámico de datos.

1. Instalación de Plotly y Configuración

Asegúrate de tener instalada la biblioteca Plotly y las dependencias necesarias:

```
pip install plotly
```

2. Ejemplo de Visualización Interactiva con Plotly

```
import pandas as pd
import plotly.express as px
import plotly.graph_objects as go
from plotly.subplots import make_subplots
import ipywidgets as widgets
from IPython.display import display

# Cargar un conjunto de datos de ejemplo (por ejemplo, datos de ventas mensuales)
data = {
 'Month': pd.date_range('2022-01-01', periods=12, freq='M'),
 'Sales': [100, 150, 200, 180, 250, 300, 280, 320, 350, 400, 380, 420],
 'Expenses': [80, 90, 100, 110, 120, 130, 140, 150, 160, 170, 180, 190]
}
df = pd.DataFrame(data)

# Crear una figura interactiva con Plotly Express (gráfico de líneas y barras)
fig = make_subplots(specs=[[{"secondary_y": True}]])
fig.add_trace(go.Scatter(x=df['Month'], y=df['Sales'], mode='lines', name='Sales'), secondary_y=False)
```

```
fig.add_trace(go.Bar(x=df['Month'], y=df['Expenses'],
name='Expenses'), secondary_y=True)

# Configurar diseño y etiquetas del gráfico
fig.update_layout(title='Sales and Expenses Over Time',
 xaxis_title='Month',
 yaxis_title='Amount ($)')
fig.update_yaxes(title_text="Sales", secondary_y=False)
fig.update_yaxes(title_text="Expenses", secondary_y=True)

# Mostrar el gráfico interactivo utilizando Plotly
fig.show()

# Integrar widget interactivo para filtrar datos por tipo
(Sales o Expenses)
def filter_data_plot(type):
 if type == 'Sales':
 fig.data[0].visible = True
 fig.data[1].visible = False
 elif type == 'Expenses':
 fig.data[0].visible = False
 fig.data[1].visible = True

# Crear widget interactivo (Dropdown) para seleccionar el tipo
de datos a visualizar
dropdown_type = widgets.Dropdown(options=['Sales',
'Expenses'], description='Select Data Type:')
widgets.interactive(filter_data_plot, type=dropdown_type)
display(dropdown_type)
```

Explicación:

- Importamos las bibliotecas necesarias, incluyendo `plotly.express` para crear gráficos interactivos y `ipywidgets` para integrar widgets interactivos en Jupyter Notebook.
- Creamos un DataFrame de ejemplo `df` con datos de ventas mensuales y gastos.
- Utilizamos Plotly para crear una figura interactiva que muestra una serie de tiempo de ventas (línea) y gastos (barras).
- Configuramos el diseño y las etiquetas del gráfico, incluyendo ejes secundarios para los diferentes tipos de datos.
- Mostramos el gráfico interactivo utilizando `fig.show()`.

- Definimos una función `filter_data_plot` que permite cambiar la visibilidad de las series de datos (Sales o Expenses) en función de la selección del usuario en el widget interactivo.
- Creamos un widget interactivo (Dropdown) que permite al usuario seleccionar el tipo de datos a visualizar y lo mostramos utilizando `display(dropdown_type)`.

Al ejecutar este código en un entorno de Jupyter Notebook, verás una visualización interactiva de las ventas y gastos a lo largo del tiempo, junto con un widget interactivo que te permite seleccionar qué tipo de datos deseas visualizar (Sales o Expenses). Esta integración de Plotly con widgets interactivos proporciona una manera efectiva de explorar y filtrar dinámicamente los datos en visualizaciones interactivas.

Ejercicio 148: Operaciones de Ventanas y Agrupación Avanzada en Pandas

En este ejemplo, utilizaremos un conjunto de datos de ventas diarias para demostrar cómo aplicar operaciones de ventanas y técnicas avanzadas de agrupación y transformación en Pandas.

1. Importar Bibliotecas

```
import pandas as pd
import numpy as np
import matplotlib.pyplot as plt
```

2. Crear un DataFrame de Ejemplo

```
# Crear un DataFrame de ejemplo con fechas y ventas diarias aleatorias
np.random.seed(0)
dates = pd.date_range(start='2022-01-01', periods=365, freq='D')
sales = np.random.randint(100, 1000, size=365)
df = pd.DataFrame({'Date': dates, 'Sales': sales})
```

3. Calcular Estadísticas Móviles con `rolling()`

```
# Calcular la media móvil de 7 días de las ventas
df['RollingMean_7Days'] = df['Sales'].rolling(window=7, min_periods=1).mean()

# Calcular la suma acumulativa de las ventas
df['CumulativeSum'] = df['Sales'].cumsum()
```

4. Aplicar Funciones de Ventanas con `expanding()`

```python
df['ExpandingMean'] = df['Sales'].expanding().mean()
```

5. Agrupar y Aplicar Transformaciones Avanzadas con `groupby()` y `apply()`

```python
# Crear una función personalizada para calcular la diferencia
entre la venta actual y la venta máxima en cada grupo
def max_sale_difference(group):
  group['MaxSale'] = group['Sales'].max()
  group['SaleDifference'] = group['MaxSale'] - group['Sales']
  return group

# Agrupar por mes y aplicar la función personalizada
df_grouped = 
df.groupby(df['Date'].dt.month).apply(max_sale_difference)

# Visualizar resultados
print(df_grouped.head(10)) # Mostrar las primeras filas del
DataFrame agrupado y transformado
```

Explicación:

- Importamos las bibliotecas necesarias (`pandas`, `numpy`, `matplotlib.pyplot`).
- Creamos un DataFrame `df` con fechas y ventas diarias aleatorias.
- Utilizamos `rolling()` para calcular la media móvil de 7 días de las ventas y `cumsum()` para calcular la suma acumulativa de las ventas.
- Empleamos `expanding()` para calcular la media acumulativa de las ventas hasta cada fecha.
- Definimos una función `max_sale_difference()` que calcula la diferencia entre la venta actual y la venta máxima en cada grupo.
- Utilizamos `groupby()` para agrupar los datos por mes y `apply()` para aplicar la función personalizada a cada grupo.

Este ejemplo ilustra cómo aplicar operaciones de ventanas (window functions) y técnicas avanzadas de agrupación y transformación en Pandas para calcular estadísticas móviles, funciones acumulativas y resolver problemas complejos de análisis de datos de manera eficiente. Puedes adaptar estas técnicas según tus necesidades específicas para explorar y analizar tus propios conjuntos de datos

Ejercicio 149 Integración de Pandas con Scikit-Learn

En este ejemplo, utilizaremos un conjunto de datos de clasificación para demostrar cómo integrar Pandas con Scikit-Learn en el flujo de trabajo de machine learning.

1. Importar Bibliotecas

```
import pandas as pd
import numpy as np
from sklearn.model_selection import train_test_split
from sklearn.preprocessing import StandardScaler
from sklearn.ensemble import RandomForestClassifier
from sklearn.metrics import accuracy_score, classification_report
```

2. Cargar y Explorar los Datos

```
Scikit-Learn)
from sklearn.datasets import load_breast_cancer
data = load_breast_cancer()
df = pd.DataFrame(data.data, columns=data.feature_names)
df['target'] = data.target # Agregar la columna de target

# Explorar el conjunto de datos
print(df.head())
```

3. Preprocesamiento de Datos con Pandas y Scikit-Learn

```
# Dividir los datos en características (X) y etiquetas (y)
X = df.drop('target', axis=1)
y = df['target']

# Dividir los datos en conjuntos de entrenamiento y prueba
X_train, X_test, y_train, y_test = train_test_split(X, y, test_size=0.2, random_state=42)
```

```python
# Normalizar las características usando StandardScaler de Scikit-Learn
scaler = StandardScaler()
X_train_scaled = scaler.fit_transform(X_train)
X_test_scaled = scaler.transform(X_test)
```

4. Entrenar un Modelo de Machine Learning

```python
# Entrenar un modelo de clasificación (por ejemplo, RandomForestClassifier)
model = RandomForestClassifier(n_estimators=100, random_state=42)
model.fit(X_train_scaled, y_train)

# Predecir las etiquetas para el conjunto de prueba
y_pred = model.predict(X_test_scaled)

# Evaluar el rendimiento del modelo
accuracy = accuracy_score(y_test, y_pred)
print(f"Accuracy: {accuracy}")

# Mostrar un reporte de clasificación detallado
print(classification_report(y_test, y_pred))
```

Explicación:

- Importamos las bibliotecas necesarias, incluyendo Pandas, NumPy y las clases y funciones de Scikit-Learn para preprocesamiento de datos y modelado de machine learning.
- Cargamos un conjunto de datos de ejemplo usando `load_breast_cancer` de Scikit-Learn y lo convertimos en un DataFrame de Pandas.
- Dividimos los datos en características (x) y etiquetas (y), y luego los dividimos en conjuntos de entrenamiento y prueba utilizando `train_test_split`.
- Utilizamos `StandardScaler` de Scikit-Learn para normalizar las características en los conjuntos de entrenamiento y prueba.
- Entrenamos un modelo de clasificación (`RandomForestClassifier`) utilizando los datos de entrenamiento escalados y evaluamos su rendimiento utilizando datos de prueba.

Este ejemplo muestra cómo Pandas se integra perfectamente con Scikit-Learn en el flujo de trabajo de machine learning, permitiéndonos cargar, explorar, preprocesar y entrenar modelos de manera eficiente. Además, podríamos aplicar técnicas adicionales de ingeniería de características, optimización de hiperparámetros y validación cruzada para mejorar aún más el rendimiento del modelo.

Ejercicio 150: Simple utilizando Pandas y Streaming

A continuación te muestro un ejemplo básico utilizando Pandas para procesar un flujo continuo de datos desde un generador de datos:

```
import pandas as pd
import numpy as np

# Generador de datos en tiempo real
def data_generator():
 while True:
 # Simular datos en tiempo real (por ejemplo, sensores)
 data = {
 'Timestamp': pd.Timestamp.now(),
 'Value': np.random.randint(0, 100)
 }
 yield data

# Crear un DataFrame a partir del generador de datos
stream = data_generator()
df = pd.DataFrame(stream)

# Procesar datos en tiempo real utilizando Pandas
rolling_mean = df['Value'].rolling(window=5).mean()
print(rolling_mean)
```

En este ejemplo, creamos un generador de datos (`data_generator()`) que simula la generación continua de datos en tiempo real. Luego creamos un DataFrame (`df`) a partir de este generador y utilizamos Pandas para calcular una media móvil (`rolling_mean`) sobre los datos en tiempo real.

Recuerda que este es un ejemplo simplificado. Para aplicaciones de producción más avanzadas que involucran flujos de datos en tiempo real a gran escala, deberías considerar integrar Pandas con otras herramientas y bibliotecas especializadas en procesamiento de datos en tiempo real.

www.ingramcontent.com/pod-product-compliance
Lightning Source LLC
Chambersburg PA
CBHW082202220526
45470CB00010B/3013